생활
독서

생활
독서

보는 인간에서 읽는 인간으로

유광수 지음

북플래시

들어가며

우리는 읽는 존재다

20여 년 전 베트남 호치민에 간 적이 있었다. 구찌땅굴을 보러 간 걸음이었는데 5일 정도 머무는 동안 뭔지 모를 불편함을 느꼈다. 음식도 입에 잘 맞았고 기후도 좋았다. 베트남 사람들도 다 활짝 웃으며 친절하게 대했다. 베트남 커피가 기가 막히다는 것을 알기까지 한 좋은 여행이었다. 그런데도 뭔가 약간의 불편함이 내내 따라다녔다. 그게 무언지는 그때는 몰랐다.

    말이 안 통해서 그랬던 건 아니었다. 손짓발짓과 표정으로 대충 통했고, 언어 때문이었다면 우즈베키스탄에 갔을 때도 그런 불편함을 느꼈어야 했지만 안 그랬으니 말이다. 이후에도 이런저런 외국을 여럿 다

넜지만 그 옛날 베트남에서 느꼈던 불편함을 다시 느끼지는 못했다. 그렇게 잊고 있었다.

그러던 몇 년 전 문득 그때의 어색함이 불현듯 되살아났다. TV로 뉴스를 보고 있을 때였다. 이라크에 나가 있는 특파원의 보도였는데, 그 특파원 뒤로 계속 비춰주던 아랍어가 가득 쓰인 간판이 눈에 들어왔을 때였다. 아주 짧은 순간이었지만 그 순간 난 '먹통'이 된 느낌을 받았다. 그리고 이내 살짝 갑갑하고 불편한 감정이 가슴을 옥죄였다. 20여 년 전 베트남에서 느꼈던 바로 그 느낌이었다.

바로 그거였다. 눈에 들어오지만 뭔지 모를, 보아도 읽지 못하는 것이 내게 가벼운 불편함을 넘어 갑갑함을 주었던 것이다.

난 아랍어를 모른다. 베트남어도 모르고, 우즈베키스탄어도 역시 모른다. 그러나 그것이 '글자'인 줄은 안다. 그것이 문제였다. 글자인 줄 알면서도 읽지 못하는, 읽어야 하지만 그렇지 못한, 까막눈이 된 갑갑함이 나를 괴롭혔던 것이다. 이건 말이 통하지 않는 문제와는 다른 감정이다.

이집트 상형문자처럼 그림에 가까우면 아마도 난 풍경 좋은 곳의 나무와 꽃처럼, 멋진 야경을 자랑하는 빌딩숲의 장관처럼 느끼고 지나쳤을 것이다. 깊은 자연 속에 파묻혀 걸을 때 누구도 갑갑함을 느끼지 않는다. 자연이기 때문이다. 인공적인 건축물들 앞에서도 그리 힘들다는 느낌을 받지 않는다. 그림처럼, 풍광처럼 받아들이기 때문이다. 하지만 글자를 앞에 두고는 다를 수밖에 없다. 글자는 본래 '읽으라고 만든 것'이니 말이다. 글자가 앞에 있으면 읽어야 한다. 그럴 수 없다면 갑갑해질 수밖에 없다.

말은 소리로 소통하지만 얼굴 표정과 몸짓, 그리고 처한 상황으로도 의사소통이 가능하다. 그래서 정확하지는 않지만 갑갑함을 느낄 지경까지는 이르지 않는다. 의사소통의 문제가 아니라 글자를 읽을 수 있느냐 없느냐의 문제였던 것이다.

지금 베트남에 다시 간다면 갑갑하지 않을 거다. 베트남어를 배워서가 아니라 여기저기 읽을 수 있는 다른 글자들이 있기 때문이다. 짧은 영어로 작게든 크게든 쓰여 있을 테니 내 눈은 그걸 찾아 바삐 움직일 것이다. 그걸로 충분하다. 불편하지도 갑갑하지도 않을 거다. 뜻을 이해하냐고? 그건 하나도 중요하지 않다. 그냥 읽으면 그만이다. 뜻까지 안다면 더할 나위 없이 좋겠지만 몰라도 괜찮다. '읽는 맛'만 있으면 그걸로 충분하다. 그래서 일본에서도 중국에서도 불편하지 않았다. 한자를 읽는 맛이 있었기 때문이다. 비록 그 뜻이 내가 아는 한자와 달랐어도 말이다.

인류가 글자를 만든 이후, 아마도 우리 인간은 글자를 읽지 않으면 못 배기게 발전해온 것 같다. 아예 글자가 없는 곳이라면 상관없다. 문자가 발명되기 훨씬 이전부터 자연을 보고 느끼며 사는 데 익숙했으니 힘들 일은 없지만, 글자로 쓰인 것이 분명하다고 느끼면 그 순간 우리는 그걸 읽어야만 한다. 그걸 못 읽으면 그 옆에 작은 다른 글자라도 꼭 읽어야 한다. 안 그러면 갑갑하고 피곤해진다.

읽는 이유는 꼭 뭔가를 알려고 해서가 아니다. 글자가 있으니 그냥 읽을 뿐이다. 아침에 눈을 떠서 밤에 잠이 들 때까지 그냥 하는 일이 읽기다. 우리는 읽는다. 길을 걷다가도 표지판이든 간판이든 하다못해

땅에 떨어진 홍보물 문구라도 읽는다. 그냥 그런다. 뭘 알려고 그러는 게 아니다. 생활인 것이다.

인간은 읽는 존재다. 읽고 싶지 않아도 저절로 눈이 쫓아가며 그 시야에 포착된 글자를 쉬지 않고 게걸스럽게 읽어대며 자꾸 또 다른 읽을거리를 찾아 헤맨다. 우리 사는 생활이니 그렇다.

이 책은 이런 읽기에 대한 이런저런 생각들을 담았다. 우리 인간이 어떻게 보는 인간에서 읽는 인간으로 변해갔는지, 혼자 읽기와 함께 읽기는 무엇인지, 그리고 이 소중한 읽기를 생활 속에서 어떻게 자연스럽게 지속할 수 있는지를 썼다. 종이책으로 읽는 것과 e-북 같은 전자책으로 읽는 것이 어떻게 다른지나 단편소설을 매일 읽으라는 말에 어쩌면 깜짝 놀라실 수도 있겠다. 어떻든 분명한 것은 우리 모두 읽기가 생활일 수밖에 없다는 점이고, 그러니 읽기에 늘 진심이어야 한다는 사실이다.

굳이 군말을 덧붙이자면, 읽기를 잘하면 분명 행복해질 것이다. 나는 물론이고 우리와 주변, 사회와 국가 그리고 저 멀리까지 더 아름답고 복된 곳이 될 것이다.

    정말이다. 한 번 해보시라.

2025년 7월

백양관 연구실에서

유광수

차례

들어가며   우리는 읽는 존재다   005

1. 보는 인간에서 읽는 인간으로

그림책도 책이다   017
필요해서 글자를 만들었다   020
'글'과 행간을 읽는 '인간'   027
글자가 아닌 글을 읽는다는 것   034
보는 인간과 읽는 인간   040

2. 나만의 호흡과 리듬으로

보물찾기와 두 가지 보물   047
애착 인형, 애장품 그리고 지혜의 진주   051
도서관 산책과 나만의 책 찾기   057
내 스타일의 호흡과 리듬대로   061
혼자만의 방으로 들어가기   067

3 함께 읽는 일은 함께 사는 일

함께 읽으면 차츰 가까워진다	077
나는 고작 1/n 이지만 우리는 ∞/n가 될 수 있다	082
질보다 양이 중요한 이유	089
도전! 1년에 100권 읽기	096
읽기 근력을 키우는 일	108

4 어떻게 읽을 것인가

종이책, 전자책, 소리책	117
속독은 독서가 아니다	126
요약본 말고 한 장이라도 원본을	130
소개 글과 평점은 길잡이일 뿐이다	134
어렵게 산 책일수록 꼭 읽게 된다	139
시는 시대로 벽돌책은 벽돌책대로	143
힘 빼고 그냥 읽기	154

5 머리가 맑아지는 습관

매일 읽어야 습관이 된다 163
밑줄도 치고 메모도 하고 167
매일 단편소설 한 편씩 읽기 172
책 읽고 자랑한다면 당신은 진짜다 177

나가며 책과 함께 행복한 삶 181
최소한의 생존 독서 목록 184

보는 인간에서
읽는 인간으로

그림책도
책이다

믿기지 않겠지만 독서(讀書)는 본능이다. 현생 인류인 우리 호모사피엔스(Homo sapiens)의 유전자에 새겨져 내려온 아주 중요한 본능이 '읽기'다.

"엥, 무슨…? 책을 읽으려면 책이 있어야 하고, 그러려면 우선 문자(文字)가 만들어져야 하지 않나?"

물론 그렇다. 학자들이 말하기를 대략 6,000년 전 즈음에 여기저기 떨어져 살고 있던 인류가 동시다발적으로 문자라는 것을 고안해냈다고 한다. 그 문자 체계로 인류가 글을 썼고 그것이 발전해서 책이 되었으니, 대략 25~15만 년 전 지구에 처음 출현한 호모사피엔스가 한참을 이리저리 살다가 나중에 문자를 만든 것이 맞다.

"거봐, 본능은 무슨!"

하지만 '독서', 그러니까 '책 읽기'에서 '책(冊)'을 꼭 문자를 모아놓은 것이라고만 생각하면 곤란하다.

문자로 이룩해놓은 체계인 책도 있지만 선과 그림으로 이룩해놓은 체계인 책도 있다. 지금도 있지 않은가 말이다. 그림책.

그렇다.

인류는 뭔가를 기록했다. 그게 지금처럼 고차원적인 것까지 담아낼 수 있는 언어 체계의 일종인 문자로 하기 전에는 단순하지만 그래서 더 절실한 선과 선의 연결, 면과 면의 조합, 그것에 채워 넣은 색깔로 뭔가를 기록해놓았고 사람들은 그걸 '읽어냈다'. 그 덕분에 인류가 여느 동물과는 다른 삶을 살아오게 되었다.

지금도 스페인 북부 칸타브리아(Cantabria) 지방에 위치한 알타미라 동굴(cueva de Altamira)에 가면 그 유명한 알타미라 동굴벽화가 있다. 현재의 우리는 그 선과 면, 색깔의 그림 체계를 읽어낼 방법이 없기에 제대로 '읽어내지' 못하지만, 호모사피엔스보다 더 먼저 살았던 구석기 시대 사람들은 그것을 아주 잘, 아주 정확히 읽어냈다. 분명히 말이다.

유럽의 성당도 그렇지만, 특히 동유럽 쪽 그리스 정교회 성당에 가보면 스테인드글라스와 그림, 조각

품이 그야말로 즐비하다. 기독교 교리와 역사에 관련된 내용을 그렇게 표현해놓은 것이다. 그 작품들을 두고 미술사학자나 종교학자들이 이러저런 설명을 하는데 종종 잘 이해되지 않는 것도 있다. '그렇게까지 다 알고서 봐야 하나?' 하는 마음도 생기고 '중세 시대 사람들은 그걸 다 알고서 본 건가?' 하는 궁금증도 생긴다. 이런 삐딱한 생각은 사실 내가 '그 책(冊)들을 읽어낼 능력'이 부족하기 때문이지 그 그림과 형상들이 글러 먹어서가 아니다. 문자가 일반화된 후에도 문자를 익히지 못한, 혹은 익힐 수 없었던 사람들을 위해 그림과 형상으로 설명을 적어놓은 것이다. 여전히 그림책(冊)이 유용했던 것이다.

그 그림책을 읽어내는 방법은 나름의 분명한 체계가 있었고 명징했다. 다른 식으로 읽으면 안 된다는 걸 잘 알았다. 우리에게 익숙한 글자 체계에서도 그런 것처럼 말이다. "문 닫고 들어와!"라는 말을 들으면 우리는 방에 들어온 후 문을 닫지, "문을 닫고는 못 들어가는데요!"라고 반발하지는 않는다. 그렇게 엉뚱하게 다른 식으로 해석하면 안 된다는 것을 우리 모두가 안다. 언어 장애인들이 사용하는 수화(手話) 역시 마찬가지다. 나름의 정밀하고 분명한 체계가 있어 그것을 익히고 사용할 수 있는 것이다.

6,000년 전에 고안해낸 문자만이 인류의 유일한 언어 체계는 아니다. 우리 대부분이 사용한다고, 그런 문자 책이 더 많고 그런 책을 읽는 사람들이 더 많다고 해서, 문자 책만이 유일한 책이라고 건방지게 생각할 건 아니란 말이다.

중요한 것은 사람이란 뭔가를 적고 그 뭔가를 읽는 것에 몰두하는 존재라는 점이다. 읽기는 우리의 본능이 맞다.

필요해서
글자를 만들었다

물론 그림책보다 문자 책이 더 유효한 것은 틀림없다. 그래서 그 복잡한 문자 체계를 굳이 고생고생 만들어낸 것이 아니겠는가.

인류가 문자를 만든 이유를 흔히 거꾸로 알고 있다. 문자를 읽을 수 있는 기득권층이 문자를 읽어내지 못하는 자들을 차별하고 통제하려고 문자를 만들어 냈다는 생각은 잘못이다.

지금이야 분명한 문자 체계가 정립되어 있으니 그냥 배우면 되지만, 처음 문자를 만들 때의 수고와 노력은 엄청났다. 새로운 컴퓨터 게임 프로그램 하나 만드는 것보다 만 배는 더 힘들고 어려웠을 것이다. 그 피곤하고 괴롭고 거의 불가능에 가까운 일을 인류가 해냈다. 왜? 기득권층이 무지한 자를 통제하려고? 그건 이미 다른 방법으로 통제하고 있었다. 읽을 수 있는 자와 없는 자의 구별이 생긴 이유는 문자가 만들어 낸 결과이지 원인이 아니다.

문자를 만든 이유는 단순하다. 필요했기 때문이다. 그래서 만들었고 그걸 남들에게 익히게 했다. 맞다. 그것이 필요하기에 지겹고 힘들지만 그 문자 체계를 익혔던 것이다. 외국어를 억지로 공부하던 학창 시절을 떠올려보라. 한국어로도 일상생활이 충분한데 굳이 쓸데없는 언어를 배우라고 강요하고 시험을 치르게 하던 때의 스트레스를 생각해보라. 그런 스트레스와 피곤함이 옛날 사람이라고 다르지 않았을 텐데, 그들은 그걸 익혔다. 지금과 달리 상급학교 진학을 위해 필요한 것도 아니고 당장 안 쓴다고 벼락을 맞을 일도 아니니 안 배워도 그만인데도, 그 힘든 짓을 꾸역꾸역 해냈다. 필요했기 때문이다. 그래서 인류는 자발적으로 배우고 익히고 전승했던 것이다.

처음 시작과 달리 후대로 흐르면서 변화가 생겼다. 문자 체계는 여전히 배우기 어렵고 힘들기에 '배우는 자와 배우지 않는 자'가 나뉘어졌다. 그리고 조금 더 시간이 지나 '배울 수 있는 자와 배울 수 없는 자', 더 시간이 지나서는 '배우고 싶지 않아도 억지로 배움을 강요받는 자와 배우고 싶어도 못 배우게 배제당하는 자'들이 생기게 되었다. 문자를 아는 것이 힘이 되고 권력이 된다는 것을 명확히 깨달았기 때문이다.

그렇다면 문자는 맨 처음 어떤 필요 때문에 만들어졌을까? 그 필요는 단순하지만 중대했다. 혼란을 방지하기 위해서 문자가 필요했다. 인류가 처음 문자로 기록한 것들을 살펴보면 대부분 매매 기록이다. 물건 값이 얼마란 증서, 이건 누구 거고 저건 누구 것이란 표시 등이었다. 문자는 실용적 측면에서 필요했고 그래서 만들어졌다.

    힘 있는 자가 자기 것이라고 우겨대며 죄다 빼앗아가면 사회가 성립하지 못한다. 그 정도의 관념이 생긴 인류는 모여 살면서 발생하는 문제를 해결할 필요가 생겼다. 늘 그렇듯이 네 것 내 것의 구분이다. 그런데 그런 구분에는 힘의 문제가 아니라 착각도 있고 오해도 있었다. 자기 것이라고 정말로 믿는 착각과 남에게 팔아놓고도 그걸 잊는 망각 같은 문제는 지금도 종종 있지 않은가. 이런 현실적 문제를 명확히 규정하기 위해서는 누가 봐도 분명한 표지가 필요했다. 그것이 문자 탄생의 이유였다. 문자로 이런 규칙과 법 등을 적었는데, 그건 누가 봐도 분명해야 했고 억만년이 지나도 사라지지 않아야 한다는 생각이 개재된 거였다. 함무라비법전을 돌에 새긴 이유도 그 때문이다.

    이런 이유에서 문자를 만들고 나니 생각지도 못했던 부수적이지만 아주 중요한 관념이 발생했다.

"문자로 기록한 것은 반드시 따라야 한다."

그렇지 않다면 문자를 만든 이유 자체가 없어지니 말이다. 그래서 모두들 문자로 적은 것은 믿기로 했다. 물론 무시하는 자들도 있었지만, 그들을 다른 이들이 힘을 합쳐 그 사회에서 쫓아냈다. 사회를 유지하기 위해서는 규칙과 법의 질서가 있어야 했기 때문이다. 아무튼 이러다 보니 종종 실제 현실보다 문자가 더 중요해지는 역전 현상이 벌어졌다. 지금도 법규로 적어놓은 것이 현실과 맞지 않아 난감한 일이 발생하는 경우가 있는 것처럼 말이다. 그럼에도 문자로 정해 놓은 것은 따라야 했다. 그러지 않으면 사회가 유지되지 않으니 말이다.

차츰 기록한 것을 읽어낼 수 있는 자가 부상하였다. 그들은 주변과 타인, 사회와 정치, 군사, 문화 등에 대해 이런저런 말을 풀어서 설명할 수 있는 자들로 중심에 서게 되었고, 읽어낼 수 없는 자들은 그들의 말을 듣고 따라야 하는 주변에 서게 되었다. 시간이 지나며 기록한 것을 읽을 수 있는 자와 없는 자들의 구별이 차별의 상황으로 변질되고 고착화되어 갔다. 그와 거의 동시에 글은 그림이 지니고 있던 심오함과 깊이를 대체하기 시작했다. 그래야만 했고 그럴 수밖에 없었다.

읽을 수 있는 자들 입장에선 자신들만이 세상에 대한 해석자가 되어야 했고 더 중요한 의미를 풀이하는 자가 되어야 했다. 그런데 전혀 다른 체계로 여전히 그림이 맹위를 떨친다는 것은 바람직하지 못할 수밖에 없었다. 읽을 수 없는 자들 입장에서도 그랬다. 모든 것이 문자 위주로 재편되는 세상에서 그림을 읽어내는 재주는 뭔가 조금 수준 낮은, 얼빠진, 부족한, 그리고 덜 유용한 그 무엇이 되어버렸다. 그림책에서 '문자책'으로 주류가 옮겨가버린 것이다.

여전히 그림이 더 중요하다고 믿는 자들도 있었다. 이를테면 샤먼이나 무당 같은 이들이었다. 하지만 그들도 결국엔 문자 체계에서 완전히 벗어날 수는 없었다. 문자가 그림보다 더 명징하게 고정시키는 힘이 있는 만큼 일반 사람들이 문자를 더 신뢰했기 때문이다. 그러면서 차츰 그림을 읽어내던 방법이 사라졌다.

결국 세상은 변했다. 물론 그 변화가 문명이란 발

전을 가져온 것은 맞다. 그것이 좋은지 그른지는 차치하더라도, 결국 우리 세상은 문자로 뒤덮였다. 인간이 본래 지니고 있던 심오한 사유와 관념의 체계였던 그림 체계가 문자 체계로 바뀌면서 문자는 '인간 본래의 심오한 사유와 사고의 체계'까지 담당하게 되었다.

이제 문자를 이해하는 것과 못하는 것은 하늘과 땅의 차이가 되어버렸다. 그야말로 그 옛날 알타미라 동굴에 살던 구석기시대 사람들만도 못하게 사는 사람들이 현재에도 수두룩한 이유가 이 때문이다. 표피적이고 단선적이고 얄팍하게 살아가는 사람들, 정신이 가난한 줄도 모르고 사는 사람들은 문자를 읽지 못한다. 그들은 눈이 있어도 보지 못하고 들어도 듣지 못한다. 그리고 인간이 인간답게, 자신이 자신답게 사는 것이 무엇인지도 잘 모른다. 억울하고 난감하고 괴로울지 모르나 우리 앞의 현실은 분명하다. 지금 우리 세상은 모든 것을 문자로 이해하고, 문자로 표현하고, 문자로 구성되는 문자 세계가 되었기 때문이다.

그렇게 문자를 모르는 자, 그들은 맨 아래로 가라앉을 수밖에 없게 되어버렸다.

'글'과 행간을 읽는
'인간'

여기서 일단 몇 가지 용어를 살펴보자. '읽는다'고 할 때 무엇을 읽는지 잘 알아야 하니 말이다.

우선 '글'이란 용어는 그야말로 두루두루 넓게 혼용해서 쓸 수 있는 정말 좋은 우리말이다. 글자 하나하나도 글이고, 문장(sentence)도 글이며, 여러 문장들로 이루어진 긴 뭉치도 글이다.

한자로 '문(文)' 역시 마찬가지다. 사전을 보면 文을 '글월 문'이라고 풀이해 놓았는데, '글과 월' 즉, 글자 하나하나와 문장과 단락을 모두 文이라고 지칭한다는 뜻이다. 우리말 '글'과 한자어 '文'은 그 의미가 같다고 보면 된다.

'문장(文章)'은 글자 하나하나를 지칭하는 것을 제외하고 썼다. 본래 '문장'은 주어와 서술어를 갖추고 있는 문장(sentence)이란 의미와 뭉치 글 전체를 뜻하는 의미로 사용했다. "최치원은 신라의 문장가(文章家)이다."라는 말에서 '문장'이 긴 글을 의미하는 것처럼 말이다. 하지만 요즘은 그렇게 전체 글을 의미하는 것으로 잘 쓰지 않고, 주어와 서술어를 갖춘 것을 지칭할 때로 한정해서 쓰는 경우가 일반적이다.

정리하면, '글자'들이 모여 단어가 되고, 그런 단어들이 모여 '문장'이 되고, 문장들이 연결되어 '글'이 된다고 할 수 있다.

참 신기하게도 인간이 만든 것에는, 그리고 인간이 하는 일에는 꼭 묘한 것이 끼어들게 마련인가 보다. '글자'에서는 별 다른 진동이 없었는데, 글자와 글자가 모여 단어가 될 때는 약간의 신기한 흥분이 생긴다. 나아가 단어와 단어가 모여 문장이 되면서는 재미있는 진동이 생기고, 문장과 문장이 연결되면서는 그 진동들이 조금씩 더 커지더니, 글이 되면서는 그 진동들이 서로 공명하면서 기가 막힌 음악을 연주해내기 시작한다.

예를 들어, 〈애국가〉 1절을 생각해보자.

'동(東)'은 큰 오해 없이 '동쪽'이란 의미를 담고 있고, '해(海)'도 바다란 뜻이며, '물'은 우리가 마시는 그물이다. 글자 하나하나에서는 그리 큰 오해 없이 고정적으로 하나의 의미를 지닌다. 그것이 '동해(東海)'가 되면 단순히 '동쪽의 바다'라는 의미도 되지만 더불어 우리나라 동쪽에 있는 '우리나라의 동해'라는 의미도 담게 된다. 글자가 합해져서 그 뜻의 지향이 넓어진 것이다. '동해물'이라는 단어일 때는 우리나라 동해의 출렁이는 '그 엄청난 바닷물'이란 의미로 확장되면서 "동해물과 백두산이 마르고 닳도록"이라 하는 순간, "절대 마를 리 없는 깊고 풍부하고 유구한 우리 삶을 지켜주는 그 엄청난 동해의 바닷물"이라는 생성적으로 확장되는 의미를 담게 된다.

 이런 식으로 글자는 단어가 되고 단어는 문장이 되어서 큰 글을 만들게 되는데, 그러면서 점점 다양하고 재미있는 진동의 폭을 보이며 무엇인가를 담게 되는 것이다. 그러니 우리가 '읽기'를 한다는 것은 그런 진동의 다양한 의미를 찾아내는 과정이라 할 수 있다.

 우리는 글자를 읽을 수도 있고, 단어, 문장을 읽을 수도 있지만, 보통 우리가 '읽는다'고 할 때는 글자, 단어, 문장이 합해진 글을 읽는 것이다. 몇 시간만 공부하면 외국인도 한글을 읽을 수 있고 단어를 소리 내어 말할 수 있지만, 그가 글을 읽는다고 하지 않는 것을 한번 생각해보라.

결국 '읽는다'는 놀라운 행위는 '글'이 지니고 있는 기가 막힌 진동과 공명, 환희의 울림을 읽어내는 것이다. 만약 그렇게 읽어내지 못한다면 글은 조금도 재미있을 수 없다. 처음 글을 배운 초등학생이나 외국인들에게 글이 재미있는 유희가 아니라 짐으로 여겨지는 것처럼 말이다.

우리는 글을 읽어야 한다. 글이 지니고 있는 숨겨진 소리를 찾아 듣고 공명하고 그 진동의 폭을 온몸으로 느껴야 한다. 그렇게 읽어내지 못하는 상황을 우리는 문맹(文盲)이라 부른다. 글자는 읽어도 어찌어찌 단어와 문장은 읽어도, 글을 읽어내지 못한다면 안타깝지만 문맹이 맞다.

그러니 글을 읽어내는 능력이 필요하다. 그건 6,000년 전에 문자를 만들었을 때부터 중요했던 능력이다. 그 능력을 리터러시(literacy)라고 한다.

최근 무척이나 친근하게 자주 듣는 단어가 '리터

러시'라는 용어인데, '글을 읽고 이해하는 능력'이란 뜻이다. 우리말로는 '문식성(文識性)' 혹은 '문해력(文解力)'이라 한다. 두 용어 중 문장을 체득해서 완전히 이해한다는 의미의 '식(識)'을 사용한 '문식성'이 더 좋으나, '식'이라고 하면 '먹는다[食]'는 의미가 먼저 떠오르다 보니, 일반적으로 '문해력'이란 단어를 더 많이 사용하고 있다.

앞서 말했듯이, 글자를 적다 보니 적어놓은 글자보다 더 큰 것이 담기게 되는 일이 생겼다. 그러니 '읽기'란 적힌 글자의 의미와 함께 적혀 있지 않은 글의 의미도 같이 읽어내야 진짜 문해력이 있다고 말할 수 있다.

글자를 처음 배운 초등학생이 글자 하나하나를 읽을 수 있다고 해서 문장을 읽고 이해하는 것이 아닌 것처럼, 문장을 이해하는 것은 좀 더 고차원적인 능력이고, 그런 문장들이 모여 이루어진 글을 읽어내는 것은 그보다 더 차원이 높은 능력이다. 그래서 초등학교에서도 읽기를 배우지만, 중학교에서도 고등학교에서도 읽기를 계속 배우는 것이다.

내가 "행간(行間)을 읽어라."는 말을 처음 들은 것은 국어 시간이 아니라 엉뚱하게도 중학교 영어 시간이었다.

"Read between the lines."

선생님께서 번역을 해주셨지만 영어만큼이나 "행간을 읽어라."라는 한국말도 어려웠다. 솔직히 그땐 전혀 이해하지 못했다. 우리의 멍한 표정을 보고 아셨는지 선생님께서는 다시 "문장과 문장 사이를 읽으란 뜻이다."라고 설명해주셨지만 여전히 어려웠다.

'엥? 행과 그 다음 행 사이에는 그냥 흰 공간만 있는데… 대체 뭘 읽으란 말씀이지?'

그랬다. 아무리 뚫어지게 봐도 보이는 건 그냥 허연 백지 공간뿐이었다. 이후 한참 시간이 지난 후에도 그 의미를 몰랐고 고등학교 졸업할 때쯤에야 어렴풋이 깨달았다. 사실 우린 태어날 때부터 '행간을 읽으며' 살고 있다. 다만 그런지도 모르면서 그냥 읽고 있을 뿐이다.

혹시 만화책을 본 적 있으신가? 만화가 재미있으셨는가? 그렇다면 당신은 행간을 읽은 것이다.

종이로 된 만화책이든 웹툰이든 우리는 카툰의 연속을 볼 뿐이다. 보통 네모 칸 안에 그려진 그림과 글씨를 읽고는 다음 칸 안에 있는 다른 그림과 글을 읽는다. 이런 네모 카툰들의 연속은 동영상이나 애니메이션처럼 매끄럽게 연결된 것이 아니지만, 우리는 그것들을 연결해서 이어진 것처럼 변환시켜 이해한다. 칸과 칸으로 끊어져 있지만 그것들을 연결해서 '읽어낸' 것이다. 그것이 가능한 이유는 칸과 칸 사이를 읽었기 때문이다. 아무것도 없는, 그려진 것 하나 없는, 그 빈 공간을 '읽는 자가 스스로 뭔가를 채워 넣어가면서' 읽어냈던 것이다. 그렇다. 우리는 '행간을 읽은(Read between the lines)' 것이다.

만화는 그렇게도 잘 읽지만 글로 된 책이 잘 안 읽히는 이유는 무엇일까? 그건 만화 그림의 행간은 잘 읽지만 글의 행간은 읽지 못하기 때문이다. 글자가 단어가 되고 문장이 되고 글이 될 때 이런저런 의미의 진폭이 그 안에 담기게 되는데 그걸 못 읽는 것이다. '적혀 있는 표면적 의미'만이 아니라 그렇게 배열되고 연결되면서 만들어지고 포함되게 된 '담겨진 내면의 의미'도 읽을 줄 알아야 한다. 어느 하나만 중요한 게 아니라 둘 다 중요하다. 표면에 쓰인 글자의 의미도 중요하고 그 글자와 글자 사이에 담긴 뜻도 중요하다.

 글을 읽는 것은 이 둘을 한꺼번에 읽는 작업이고 그 과정이 막힘없이 물 흘러가듯이 주르륵 읽을 수 있어야 한다. 카툰과 카툰으로 이어진 웹툰을 손가락으로 휙휙 넘기듯 말이다.

글자가 아닌
글을 읽는다는 것

몇 년 전에 지하철에 앉아 책을 읽고 있었다. 내 옆 빈자리에 어떤 여학생이 와서 앉았는데, 앉자마자 배낭에서 책을 꺼내는 것이 아닌가. 요즘은 다들 스마트폰을 보는 것이 일반이라 사실 속으로 깜짝 놀랐다. 무슨 책인가 싶어 슬쩍 곁눈으로 보았는데, 악보였다.

 그 여학생은 뚫어져라 악보를 보며 골똘히 생각

하는 듯했고 머리도 살짝 주억거리며 리듬을 타는 듯했다. 조금 있다 보니 다음 장으로 책장을 넘기기까지 했다.

슬쩍 그 악보를 보았다.

'음….' 4분음표, 2분음표, 그리고 높은음자리표, 낮은음자리표는 알아봤다. 위아래로 적혀 있는 음표들이 솔도 되고 라도 되는 것을 볼 수 있었다. 그러나 나는 그 여학생처럼 리듬을 타며 고개를 흔들 수 없었다. 이유는 단순하고 분명했다. 나는 악보를 읽을 줄 몰랐다. 그렇다. 음악 리터러시가 없기 때문이다. 음표는 알아보고 붙임표도 알아보고 심지어 'FINE'을 '파인'이 아니라 '피네'로 읽을 줄은 알지만, 악보를 읽을 줄은 몰랐다. 내가 어렸을 적엔 음악 선생님이 음표를 '콩나물 대가리'라고 부르시기도 했다. 나는 콩나물이 어떤 콩나물인지는 알아도 그 콩나물들의 이어짐과 흐름을 전혀 읽어낼 수 없었다. 문맹이었다. 음악 문맹.

그 여학생은 악보에 담긴 음악을 읽어내고 있었다. 책장을 획획 넘겨가며 신나는 선율과 리듬과 박자가 만들어내는 놀랍고 황홀한 음악 속으로 빠져들어 갔다. 내겐 단지 콩나물 대가리로 읽혔을 뿐이었지만 그 학생에겐 놀라운 판타지였던 것이다.

아마 우리 세상이 음악으로 의미를 적어내고 음악으로 소통하는 세상이라면 난 문제아가 될 수밖에 없다. 음악 리터러시가 없으니 말이다. 그리고 그걸 배워야 한다는 생각조차 하지 않으니 말이다. 나를 위해서는 아니겠지만, 세상은 음악이 아닌 글자로 소통하는 사회이다. 다행이다.

만약 단순히 글자를 아는 것으로 충분하다고 생각한다면 이런 어리석음이 따로 없다. 음표가 4분음표인지 2분음표인지 구분하고 계이름을 읽을 줄 안다고 음악을 다 이해했다고 호언장담하는 것만큼이나 대책 없는 상태다. 더 심각한 것은 자신이 지금 문맹이면서 그걸 모른다는 점이 더 문제다.

독서(讀書)는 '책을 읽는다'는 말로, 여기서 책은 '글자'가 아니라 '글'이다. 그러니 독서는 글자를 읽는 것이 아니라 글을 읽는다는 의미다. 스스로 글을 읽을 수 있는가를 진지하게 따져봐야 한다. 사실 글이 담고 있는 내용이 어려워서 못 읽는 것이 아니라 문해력이 없어서 못 읽는 것이고, 문해력이 있다고 착각해서 더 나아지지 않는 것이다. 그날 여학생이 보던 악보가 교향곡인지 교향시인지, 오페라인지 협주곡인지, 난 알 길이 없었다. 어려운 음악이어서 모른 것이 아니라 그냥 못 읽었기 때문이다.

이제 착각에서 벗어나자. 글을 읽을 수 있는지 없는지 스스로 냉정하게 판단해야 한다. 글자나 문장 정도가 아닌 글을 읽어야 비로소 독서이고 그래야 문해력이 있다고 할 수 있다.

역설적이게도 세종대왕께서 창제하신 한글이 너무 우수하다 보니 우리가 착각에서 잘 헤어나지를 못한다. 너무나 과학적이고 익히기 쉽게 소리글자로 문자를 만들었기에 우리는 쉽게 글자를 익혔다. 글자를 읽을 수 있으니 글이나 책 같은 것도 쉽게 읽을 수 있다고 착각한다. 혹시 잘 안 읽히면 "이 책이 너무 어려워서 그래."라고 자위한다. 사실은 문해력이 없는 것인데 그걸 모른다.

글자를 읽는 능력은 영어 알파벳을 익히고 단어를

소리 내어 읽을 수 있는 능력을 갖춘 정도다. 비유하자면 그건 집을 짓는 데 필요한 벽돌과 모래, 시멘트를 몇 개 준비한 정도다. 이제 그것들을 가지고 집을 지어야 한다. 한글이란 문자를 통해 지적 깊이에 들어가야 한다. 그것이 글을 읽는 것이고 책을 읽는 것이다.

사실 이건 어떤 문자 체계를 쓰든 마찬가지다. 영어를 모국어로 사용하는 사람들은 영어 단어를 읽는 것에서 시작해서 책을 읽어내야 한다. 모든 나라 모든 민족 누구든, 어떤 문자 체계를 지니고 있든 동일하다.

중고등학교 다닐 때 국어 시험문제와 영어 시험문제를 떠올려보라. 영어가 어려운 분들도 있었겠지만, 그건 외국어이기에 그 문자 체계를 익히는 것 자체가 힘들었기 때문이지, 영어 시험문제가 심오하고 복잡해서는 아니다. 곰곰이 생각해보시라. 영어 시험에 나왔던 문제들 대부분이 단순한 문장의 옳고 그름, 문맥에 맞는 긍정 부정을 제대로 짚어냈는지, 문법적 오류 등이었음을 말이다. 간혹 몇몇 문제는 예문의 내용을 이해했는가를 묻기도 하지만 그리 많지도 않고, 또 이해 정도도 매우 기초적이고 단순한 이해였다. 국어 문제에 비하면 초등학교 수준이었다. 만약 국어 문제처럼 영어 문제를 출제했다면 어땠을까? 아마도 곡소리 났을 것이다.

토플(TOEFL)이라는 시험도 그렇다. '외국인을 위한 영어 능력 시험'이 토플이다. 물론 그 시험도 어렵지만, 영어를 모국어로 사용하는 사람이 아닌 사람들에게 입문을 지나 조금 심도 있는 사고를 할 수 있는지를 테스트 하는 시험인 것이다. 태어날 때부터 영어를 사용하는 사람들에게 그 시험은 그리 특별할 것 없다. 우리나라 교육 체계로 말하자면 중학교 1학년 정도의 국어 실력이면 이해하고 풀 수 있는 정도이니 말이다.

글자를 읽을 수 있는 것과 글이나 책을 읽을 수 있는 것은 비슷하지만 아주 다른 성질의 것이다. 읽을 수 있는 능력, 문해력을 기르면 쉽게 해결되는 일이다.

우선은 스스로에게 솔직해야 한다. 내가 정말 읽을 수 있는지 말이다. 거기서부터 시작하면 된다. 읽으려고 하나하나 천천히 짚어가며 노력하면 어렵지 않게 능력이 생긴다. 자신에 대한 착각도 문제지만 공연히 주눅 드는 것도 문제다. 읽기는 어려운 일이 아니다. 물 마시기처럼 쉽다는 얘기는 아니지만 그렇다고 돌을 씹어 먹어야 할 정도로 어렵다는 말도 아니다. 그냥 맛난 밥을 먹는 것이다. 지금 조금 속이 불편하거나 아직 미처 딱딱한 반찬을 못 씹어 먹을 정도라면 미음이나 죽으로 시작해도 된다. 그렇게 서서히, 꾸준히 하다 보면 곧 밥을 먹을 수 있게 된다. 그리고 그 맛난 밥이 내게 피가 되고 살이 된다. 정말이다.

보는 인간과 읽는 인간

시력을 가지고 태어난 인간은 별다른 노력을 하지 않아도 볼 수 있다. 그냥 주변과 세상이 보인다. 어렵지 않다. 특별한 노력을 할 필요도 없다. 그런데 '그냥 보는 것'과 '유심히 보는 것'은 꽤 다르다. 영어에서 'see'와 'watch'로 구분하는 것도 그래서다. 사실 우리도 '목(目)'과 '견(見)'을 구분해서 썼다. '차마 눈 뜨고 볼 수 없다.'는 뜻의 목불인견(目不忍見)이란 사자성어를 문자 그대로 풀어보면 '눈에 보이지만 차마 주목해서 볼 수 없다.'는 의미다. 이렇게 '그냥 눈에 보이는 것[目]'과 '신경 써서 보려고 하는 것[見]'이 다르다는 것을 우리도 알고 있었다.

그러니 보지만 보지 못하고, 보았지만 보았는지 모르며, 좀 더 나아가 보았는지 안 보았는지도 모를 정도로 혼란스럽기까지 한 것이 우리가 본다고 하는 시각의 문제다.

예를 들어보자. 혹시 사는 동네 주변에서 철물점을 보신 적이 있는가? 못, 철사, 경첩 등 실생활에 꼭 필요한 것들을 파는 가게지만 지금은 꽤 많이 사라져 버렸다. 일단 못을 박을 일이 많이 없어서도 그렇고, 그런 물품들이 죄다 대형마트의 한 코너로 들어가 있기 때문에도 그렇다. 그래도 예전만큼은 아니지만 아직 동네에 철물점이 있다. 하지만 우리는 잘 모른다. 본 적이 없는 것이다. 심지어 매일 철물점 앞을 지나가도, 바로 버스 정류장 옆에 있는데도 우리는 '철물점을 보지 못한다.' 눈 감고 있는 것은 아니니 보았을 [目 ; see] 거다. 하지만 눈여겨보지[見 ; watch] 않았기에 모르는 거다. 신경 써서 주목해보며 스스로 '의미화'하지 않았기에 그냥 흘려버린 것이다.

사실 우리 시각이 그렇게 흘려버리는 짓을 하지 않으면 아마도 인류는 오래전에 뇌에 과부하가 걸려 죽어버렸을지도 모른다. 아침에 눈을 뜨는 순간부터 밤에 눈을 감을 때까지 쉬지 않고 들어오는 엄청난 정보량에 질식해서 오래 살지 못했을 것이다.

우리가 시각 정보에 질식하지 않고 사는 이유는 우리 뇌가 필요한 것만, 필요하다고 생각해서 자신이 의미화한 것만 보기로 결정했기 때문이다. 그렇게 흘려버림으로써 과부하를 피했다. 의미 있게 주목해서 들어온 정보들도 시간이 가면서 새로운 정보가 밀려들기에 차츰 흘려버린다. 장기 기억으로 전환시켜 남기는 것은 얼마 안 된다. 이 역시 그래야만 우리가 질식해서 죽지 않기 때문이다. 그러니 선별적으로 골라 보는 것이나 오랜 정보를 흘려버리는 일이 꼭 나쁜 것만은 아니다.

그러나 매사를 흘려버리거나 늘 깜빡깜빡 망각하는 것을 바람직하다고 할 수는 없다. 자기 주관을 가지고 필요한 것은 눈여겨보고[見] 의미화를 시켜야 한다. 그렇게 본 것들 중에서 정말 소중한 것은 어떻게든 놓치지 않고 되새겨 기억하려고 하는 것이 우리 인간이다.

그래서 우리 인류는 문자를 만들어냈다. 그리고 그것으로 세상과 주변에 중요한 것들을 적고 필요한 것들을 기록했다. 보이는 모든 것을 다 적고 기록한 것이 아니라 보아야만 하는 것들을 정리해서 남겼다.

보는 인간은 모든 것을 다 보지만 사실 흘려보는 인간이고, 눈여겨본 것도 망각이란 강물에 떠내려버리는 인간이다. 그러나 모든 것을 다 흘리고 망각하면 동물처럼 살게 된다. 인간이 동물과 달라진 결정적 이유는 흘리고 망각하는 것을 의미화하려고 노력했기 때문이다. 보는 것을 주목해서 신경 써서 붙잡아 놓으려고 했다. 중요한 것이기에 그렇게 하려고 했다. 그렇게 문자를 만들고 그 문자로 기록하기 시작했다.

문자를 전혀 모르는 분들도 세상을 지혜롭게 살

수 있다. 그분들이라고 세상의 이치를 모르지는 않는다. 하지만 보기만 하는 인간과 읽기도 할 수 있는 인간의 차이는 너무나 명백하게 크다. 보기도 하고 읽기도 하는 것이 더 좋은 것은 말할 나위 없다.

인간은 그렇게 보는 인간에서 읽는 인간으로 나아갔다.

그럼에도 여전히 보기만 하는 상태에 머물러 있다면 정말 딱한 노릇이다. 중요한 것을 흘리면서도 흘리는 줄 모르고 흘러가는 것을 잡고 싶지만 애만 탈 뿐 잡을 방법을 모르는 안타까운 처지이니 말이다.

인간은 읽어야 한다. 보는 인간에서 꼭 읽는 인간으로 나아가야 한다. 단단한 발걸음을 내딛어야 한다.

나만의
호흡과 리듬으로

2

보물찾기와
두 가지 보물

지금은 초등학교라고 부르는 국민학교를 다니던 어린 시절 우리들은 걸어서 소풍을 갔다. 요즘은 단체 버스를 타고 가는 것 같은데 우린 행군하듯 줄 맞춰 걸어가서 김밥 도시락을 까먹고 다시 줄 맞춰 걸어오는 것이 전부였다. 그래서 '소풍'이라고 하면 가장 먼저 걸었다는 것이 떠오른다. 옛글을 읽다가 소풍을 '원족(遠足)'이라고 했다는 것을 알고는 '아, 원래 소풍이란 걷는 거구나.'라고 생각했다.

다리가 퍽퍽할 정도로 걷기만 하는 소풍이지만 우리는 늘 소풍을 기다렸다. 소풍 때나 먹을 수 있었던 별미인 김밥 때문에도 그랬지만, 사실은 보물찾기 때문이었다.

요즘은 잘 안 하는 것 같은데, 내가 어렸을 때만 해도 소풍을 가면 꼭 보물찾기를 했다. 연필, 지우개, 공책 같은 학용품을 잘 포장해서 수풀이나 나무 밑,

바위틈 같은 곳에 숨겨둔 것을 찾았다. 물론 찾는 자가 임자였다. 그런데 전혀 상관없는 다른 사람들이 찾아서 가져가버리는 문제가 생겼다. 그래서 종이에 상품의 이름을 적어 숨겼다. 맘씨 고약한 사람이 가져가도 소용없는 것이 나중에 선생님께 그 보물 종이를 드리고 상품을 직접 받아야 했기 때문이다. 여기에도 문제가 생겼다. 아이들이 종이에 적힌 보물이 맘에 안 들면 버리고 더 좋은 보물을 찾겠다고 달려들었기 때문이다.

그래서 이후 보물찾기에서는 종이에 숫자만 적었다. 그 숫자가 보물이 될지 꽝이 될지는 찾은 그 순간에는 몰랐다. 나중에 선생님께서 번호를 불러 아이가 나오면 그제야 보물을 공개하셨기 때문이다. 우리는 설렘과 기대감에 종이를 손에 꼭 쥐고 뚫어져라 번호를 쳐다봤다. 내가 쥔 종이가 어마어마한 것이 될지도 모르니 말이다. 숫자가 불릴 때마다, 상품이 점점 더 좋은 것으로 올라갈 때마다, 내 심장은 그야말로 두근두근 곤두박질을 반복했다. 그 쫄깃쫄깃한 맛이 바로 보물찾기의 정수였다.

사실 난 보물찾기에 소질이 없었지만 늘 기를 쓰고 수풀을 뒤지고 다녔다. 즐거웠다. 항상 흥미진진하고 신이 났다. 그때도 어렴풋이 알았다. 막상 보물을 받아 들 때보다도 보물을 찾겠다고 기를 쓰며 뛰어다니는 것이 더 짜릿하고 흥분된다는 사실을. 찾아낸 숫자는 그리 중요하지 않았다. 아무것도 알려주지 않는 고작 숫자일 뿐이었다. 로또처럼 1등이 될 수도 있지만 그 1등 상품이라 해봐야 다른 보물에 비해 조금 나은, 필통에 공책 한두 권이 더 얹어진 거였다. 생각해보면, 보물찾기는 보물을 찾아서 맛이 아니라 보물을 찾는 과정이 신났기에 '보물찾기'였다. 결과가 아니라 과정이 보물이었던 것이다.

요즘은 보물찾기를 잘 하지 않는 것 같다. 유치해서 그런 것인지, 그 정도 보물쯤은 이미 다 가지고 있어서인지, 아니면 그런 보물 따위야 없어도 그만이라 그런지 모르겠다. 뭐 사실 그런 보물쯤은 있든 없든 상관없다. 그런데 보물찾기의 정수인 찾는 즐거움과 두근거리는 흥분과 흥미진진하게 넘나드는 감정을 전혀 모른다니, 좀 안타깝다. 딱한 노릇이다.

책을 읽는 것은 보물찾기를 하는 것과 같다. 책 속에 있는 보물을 찾겠다고 골몰하면 그 과정은 보물찾기가 아니라 노동이고 고역이다. 교과서가 재미없고 과제로 읽어야 하는 책들이 피곤하게 느껴지는 것이 그 때문이다. 꼭 뭔가를 찾아야 하고, 발견해야 하고, 반드시 얻어야 한다는 생각을 가지고 책을 읽으면 안 된다. 보물찾기는 그런 것이 아니다.

보물은 찾으면 좋고 못 찾아도 좋은 거다. 그냥 눈을 까뒤집고 이리저리 뛰며 기를 쓰고 땀을 흘리는 것만으로도 충분하다. 보물찾기는 보물찾기에 참여하는 것만으로도 모든 것이 이루어진다. 그 과정이 보물이기 때문이다.

독서도 그런 것이다. 뭔가를 찾으려고 읽는 것이 아니라 읽다 보면 나도 모르게 내 마음과 생각에 스며들어버리는 것이다. 그것이 나의 보물이 된다. 물론 책에서 지식을 직접 찾을 수도 있다. 하지만 책을 읽고 꼭 뭔가가 남아야 하는 것은 아니다. 어쩌다 상품을 받으면 약간 더 좋았던 우리의 보물찾기처럼 우리의 책 읽기가 그렇게 되어야 한다.

딱한 일은 책을 읽지 않는 것이다. 컴퓨터 게임 속에서 아이템을 찾고 몬스터를 사냥해서 보상으로 코인을 얻는 것과는 판이하게 다른 흥분과 쾌감이 독서에 있다. 게임을 해보지 않은 사람에게 게임의 흥미와 재미를 백날 말해봐야 모르는 것처럼, 독서라는 보물찾기의 흥분과 두근두근 호기심의 환희를 수만 번 말해도 절대 모른다. 해봐야 안다. 참여해봐야 안다. 책을 펴고 읽어봐야 비로소 느낄 수 있다.

보물찾기를 해보시라. 그리고 책을 읽는 동안 자신도 모르게 느껴지는 깊은 감동의 벅참을 만끽해보시라. 머릿속에 용솟음치는 생생한 흥분과 기쁨에 온몸이 떨릴 거다. 보물찾기란 그런 것이니 말이다.

애착 인형, 애장품
그리고 지혜의 진주

'애착 인형'이란 것이 있다. 아이들이 그거 없으면 안 된다며 들고 다니는 인형이 대표적이다. 때론 자신이 덮고 자는 이불이기도 하다. 남들이 보면 이해가 안 되고, 설명해보라면 설명하기도 어렵지만, 아무튼 다들 애착 인형 하나쯤은 있다. 차츰 나이를 먹으면, 털 빠진 원숭이 인형이나 꼬질꼬질 손때가 묻은 이불에서 벗어나기는 하지만 여전히 자신만의 애장품이 생긴다. 값비싼 보석류나 고가 자동차 같은 것일 수도 있지만, 대부분은 소소한 자신만의 그 무엇이다. 여전히 남들은 잘 이해하지 못하고 여전히 이것을 왜 좋아하는지 설명할라치면 말문이 막히지만, 나만의 소중한 그 무엇이 있다. 애착 인형이라 부르든 애장품이라 부르든 나만의 그 무엇을 우리는 모두 가지고 있다. 그래 맞다. 보물 이야기다.

    책을 읽는 과정이 보물찾기라고 했다. 그렇게 읽으면서 내게 새겨진 나만의 것이 내게 보물이 되는 것인데, 남들은 그걸 알 수 없다. 때론 이해하지도 못하고 나도 그게 뭔지 설명하기가 막연하기도 하다. 나만의 것이기에 그렇다. 하지만 분명 내겐 애착인형 보물이다.

뭔가 찾겠다는 목적으로 떠난 여행은 답사다. 답사는 목표가 있기 때문에 힘들고 어려워도 반드시 결과를 만들어내야 한다. 답사도 나름 재미있고 의미 있지만 진짜 여행의 기쁨은 어쩌다 만난 사람, 어쩌다 가본 동네, 나도 모르게 눈에 들어온 작은 그림, 갑자기 반짝인 자그만 돌멩이, 인형, 풍경 같은 것들을 발견하게 될 때다. 남들에겐 중요한 것이 아니고 따지고 보면 그리 가치가 있는 것이 아닌 걸 나도 알지만, 내게는 주옥같은 보물이 된다. 인스타그램에 올리려고 연출한 사진이 아니라 정말 그냥 내 마음에 훅 들어온 바닷가의 모래알 같은 것이 내게 기쁨이 되고 위로가 되며 의미가 된다. 내 애착 인형, 애장품, 보물이 된다.

생각해보니 보물이란 원래 그런 것이었다. 까맣게 잊고 있었는데 어느 날 문득 그걸 다시 보게 되는 순간, 그 시절의 감정과 행복, 느꼈던 활기와 즐거움, 분위기와 향기까지 죄다 떠오르게 하는 것 말이다. 같은 아이템을 가지고 있어도 남들에겐 그렇지 않고 그럴 수도 없다. 같이 공유하지 않은 시간과 함께하지 못한 장소에서의 그 무엇을 나처럼 느낄 수는 없을 테니 말이다. 이 모든 것이 오롯이 나만의 것이 될 뿐이다.

책 속에 있는 보물이란 이런 것이다. 남들은 모르지만 나만 알고 느끼는, 나만 감동하고 나만 벅차오르는 그 무엇이 책 속에 있다. 찾으려 하지 않아도 저절로 그것이 나를 찾아와 내 몸에 사무친다. 천천히 책 속을 거닐다 보면 이렇게 묻어나고 배어나는 자신만의 보물이 된다. 진주조개 안에서 진주가 만들어지는 것처럼. 그 한 단어, 한 구절, 한 장면이 내겐 억만금을 주고도 바꿀 수 없는 의미가 되는 것이다.

물론 나만의 보물 말고 남들에게도 보물이 되는 것을 찾기도 한다. 남들도 알면 좋은 것으로 이를 우리는 보통 '지식'이라 부른다. 책이 담고 있는 내용 속에서 직접 찾아낸 그 무엇들도 분명 가치 있다. 세상이 어떠해야 하는지, 인간은 어떤 존재인지, 과학적 결과는 무엇인지 등등 우리가 알아야 할 것들이다. 보물찾기에서 상품을 받는 것처럼 분명 이런 지식은 귀중하다.

그런데 지식도 좋지만 진짜 보물은 '지혜'다. 지혜는 보물찾기를 하는 과정 속에서 내게 묻은 그 무엇이다. 진주조개가 아픔을 견뎌내며 만들어낸 진주처럼 우리는 나도 모르게 내게 스며드는 것에서 지혜를 만들어낸다. 읽으면서 딱히 뭘 알았는지는 모르겠고 설명하기도 힘들지만, 아무튼 나는 나도 모르게 바뀌었다. 지혜로운 사람이 된 것이다.

종종 어떤 사람들은 "착하게 살아라."라는 말을 들으면 고개를 저으며 질색한다.

'착하게 살라고? 나를 해코지하는 사람에게도 착하게 대하라고?'

'뭐야? 무조건 굽신대라는 건가?

'착하면 참아야 하는데, 난 참기 싫은데.'

'먹고살기 바빠서 착하고 뭐고 난 모르겠다.'

'착하게 사는 것'을 틀렸다고 할 사람은 아무도 없지만, 어떻게 살아야 하는지 제각기 난감하고 복잡하다. "착하게 살아라."는 말을 제대로 이해하지 못하는 것은 지혜가 부족하기 때문이다. 지혜를 지식처럼 받아들이기 때문이다. 수학 문제의 정답처럼 MBTI처럼 똑 떨어지는 그 무엇으로 암기하고 기억하려다 보니, 지혜는커녕 지식도 못된 어설픈 것이 되고 만다.

그래서 이런 말들은 그냥 잔소리로 전락하고 만다.

지식을 쌓는 것도 어렵지만 노력하면 쌓을 수 있다. 그러나 지혜를 갖추는 것은 전혀 다른 문제다. 똑똑한 사람이지만 어리석게 행동하는 것을 우리는 역사에서 현실에서 무수히 봐왔다. 지혜란 이렇게 어렵다. 바탕이 되고 자질이 되고 기본이 되기에 그런 것이다. 이런 지혜를 얻는 방법이 바로 책 읽기다. 책을 읽는 동안 시나브로 내게 스며드는 그것들이 지혜다. 책을 읽지 않으면 지혜가 생기지 않는다. 정신이 가난한 것이다. 정신이 가난하면서도 그 곤핍함과 부족함을 모르는 우둔한 사람이 되고 만다.

지식은 대단해도 지혜가 부족한 사람들이 적지 않고, 지혜란 것이 필요하지 않다는 사람도 가끔 본다. 참 딱한 일이다. 그들의 앞날이 밝지 않지만 그걸 모르고 어둠 속으로 만용(蠻勇)을 부리며 달려드는 모습이 걱정스럽다.

책을 읽으면 지혜로운 사람이 된다. 그 지혜는 나도 모르게 바뀌어 있는 내 모습이다. 설명하기 어렵고 금방 티가 나지도 않지만, 선하고 좋은 쪽으로 자신도 모르는 사이에 바뀐다. 지혜를 만났고 지혜를 찾았고 그 지혜가 내게 스며들었기 때문이다. 그것이 내 보물이다.

    책을 펼치면 보물이 내게로 다가와 내 것이 되며 내가 시나브로 지혜로워진다. 진주가 만들어진다.

도서관 산책과
나만의 책 찾기

어떤 책을 읽어야 할지 고민하는 분들이 의외로 많은데 답은 간단하다. 지금 당신 눈앞에 있는 책이 바로 읽을 책이다. 누구의 추천도 좋지만 내 앞에 있는 그 책을 읽으시라.

    그런데 눈에 띄는 책이 없다면 책이 있는 곳으로 가면 된다. 서점이나 도서관으로 가서 구경하다 보면 훅 하고 내 맘에 들어오는 책이 있다. 그걸 읽으면 된다. 빵집에서는 고소하고 달콤한 냄새가 연신 난다.

배가 불러도 빵집 앞을 지나다 보면 먹고 싶어진다. 그런 것처럼 책을 읽으려면 책이 많이 있는 곳으로 가면 된다.

대학 시절 강의와 강의 사이에 빈 시간이 생기면 그냥 도서관에 갔다. 책을 읽으려는 생각보다는 책을 구경할 요량으로 갔다. 넓은 공간에 죽 늘어선 서가 사이를 다니며 빼곡하게 꽂혀 있는 책의 제목을 눈으로 훑었다. 꺼내 읽지 않아도 기가 막힌 힐링이 되었다. 그냥 아이쇼핑 같은 거였다. 백화점 매장을 돌며 구경하는 재미와 비슷할지도 모르겠다.

그렇게 산책하듯 책의 제목을 읽다 보면 신기한 책들을 많이 보게 된다. '이런 책도 있어!' 하는 놀라움도 생긴다. 꺼내서 살짝 표지와 앞 장을 읽고 다시 꽂았지만, 머릿속에는 그 책의 기억이 생생하게 남는다. 그러다 정말 끌리는 책을 대출해서 가져가 읽는다. 《홍위병》 이야기도 그렇게 읽었다. 내 관심사와는 한참 동떨어진 《페르마의 마지막 정리》도 읽었다.

도서관 산책의 좋은 점은 바로 이거다. 필요한 공부나 글을 쓰다 보면, 얼핏 며칠 전 도서관에서 보았던 책 제목이 떠오른다. 그땐 시큰둥했으나 지금은 꼭 읽어야 할 책이 되어버리는 것이다. 전혀 관계없는 분야였고 관심도 없었던 주제였기에 의도적으로 찾거나 검색할 수도 없는 그 외딴 책이 느닷없이 내게 중요한 책이 되어버리는 거다. 정말 신나는 일이다. 인터넷 검색 따위는 결코 흉내 낼 수 없는 나만의 책 찾기 기술이 도서관 산책이다.

그렇게 나는 도서관 산책을 하며 내 좁은 소견과 고집스러운 생각에서 차츰 벗어날 수 있게 되었다. 나와는 다르다 못해 완전히 딴 세상 이야기처럼 들리는 생각과 주장을 그 책들을 통해 알게 되었기 때문이다. 때론 다 읽지 못해도 '아, 그런 생각도 있구나.' 하는 마음의 공간이 넓어진다.

물론 내게 맞는 책을 고르는 방법으로 도서관 산책만 있는 것은 아니다. 인터넷을 검색할 수도 있고, 인터넷 서점을 훑어볼 수도 있으며, 유튜브를 참고할 수도 있다. 하지만 그런 것들은 누군가 우선순위를 매겨 정리해놓은 체계 속에서 보게 한다. 그것이 나쁜 것은 아니지만 나도 모르게 나와 비슷한 것만 찾고,

훑고, 참고만 하는 일을 하기 쉽다. 그러면 책 읽기가 따분해진다. 같은 음식만 매일 먹으면 물리게 되어 있다. 다양한 여러 책을 읽는 것이 독서의 흥미진진함을 늘 유지하는 비결이다.

내가 찾지 않는, 내가 찾지도 못하는, 그런 책이 있는지 들어본 적도 없는 기가 막힌 책들은 다 도서관에 있다. 그래서 도서관을 산책해야 한다. 그러면 지금 내게 딱 맞는 책을 찾을 수 있다. 인터넷이, 유튜브가, 그리고 누가 뭐라 하든 내 손으로 만지고 내 눈으로 살펴보는 책이 내게 더 적합하고 살가운 책이다.

그러니 무슨 책을 읽을지 고민할 필요가 없다. 그냥 끌리는 것을 읽으면 된다. 그냥 손에 잡히는 것을 읽으면 된다. 그것이 내게 남을까 말까, 혹은 그것이 내게 나쁜 영향을 줄까 같은 공연한 걱정은 던져버리시라. 좋지 않은 것은 버려지고 좋은 것은 절로 자양분이 되어 내게 남을 것이다. 그 책이 당신을 당신답게 만들 것이다.

우울하신가? 피곤하신가? 뭐가 뭔지 모르겠고 싱숭생숭하신가? 심심해 미칠 지경이신가? 그렇다면 도서관에 가시라. 책을 읽지 말고 산책을 하시라.

　피곤과 우울함이 싹 날아가버릴 거다. 정말이다.

내 스타일의
호흡과 리듬대로

읽을 책을 정했으면 읽기 시작하면 된다. 그런데 그게 힘들다는 사람들이 꽤 있다. 읽을 생각이지만 잘 안 읽힌다는 거다. 읽을 능력이 없어서가 아니라 공연히 '이리이리 읽어야 한다.'는 생각이 많아서 그렇다.

　책을 읽을 때는 내 맘대로 읽으면 된다. 내 스타일대로 읽는 것이 가장 옳은 방법이다. 남들이 어떻게 읽든, 누가 이렇게 저렇게 읽어야 한다고 참견하든, 신경 끄고 그냥 내 방식대로 읽으면 그만이다. 어차피 나는 나다. 남들처럼 생기지도 않았고 남들과 똑같이 살아오지도 않았다. 내가 생겨 먹은 대로 남들에게 피해를 주지만 않는다면, 그냥 살면 그만이다. 읽기 역시 그렇다.

내가 어떻게 읽든 남들에게 피해줄 일은 없다. 도서관 책에 밑줄을 긋거나 낙서를 하거나 찢는 등의 물리적 훼손을 하지 않는 한, 책을 어떻게 읽든 남들은 상관할 바 아니다. 그런데도 우리는 자꾸 자신의 호흡과 리듬대로 읽지 않고 남들처럼 읽으려고 한다. 내 스타일이 있는데 억지로 맞추려 하니 호흡이 가빠지고 리듬이 엉망이 된다. 그러다 보니 책 읽기는 재미가 아니라 고역이 될 수밖에 없다.

아주 친한 친구들이지만 함께 여행을 다녀보면 조금 의견이 엇갈릴 때가 있다. 가족 여행일 때도 그렇다. 누군가 딱히 나쁜 것은 아닌데 문제가 되는 것도 아닌데, 그냥 뭔가 삐걱거릴 때가 있다. 그건 여행 스타일이 달라서 그렇다. 트래블(travel)이냐 투어(tour)냐의 차이다.

언젠가 체코 프라하에 간 적이 있었는데, 야외 식당에서 동료와 밥을 먹다가 뒤쪽에 앉은 여학생 셋이 심상치 않게 싸우는 소리를 듣고 말았다. 한 학생이 격앙된 어조로 F로 시작하는 욕을 쉴 새 없이 내뱉더니 자리를 박차고 가버렸고 나머지 둘은 서로 마주 보며 상기된 얼굴로 속삭였다.

　듣고 싶지 않지만 알게 돼버린 사실은 욕을 하며 떠난 친구가 자신이 '보고 싶은 장소에 가지 않은 것'이 싸움의 발단이었다. 셋은 친했으니 멀리 해외로 여행을 왔을 거다. 서로 잘 아는 사이였지만 그들의 서로 다른 여행 스타일이 문제가 된 것 같았다. 두 명은 거리를 지나다가 멋진 곳이 나오면 그냥 앉아 커피를 마시며 수다 떠는 것을 즐기는 스타일이었고, 화를 내고 가버린 친구는 계획한 대로 정한 곳은 꼭 가봐야 하는 스타일이었던 거다. '투어'와 '트래블'의 차이였다. 셋 모두 어딘가 색다른 곳을 찾아가서 새로운 것을 보고 경험하고 맛난 것을 먹고 즐기는 것을 좋아했지만, 여행하는 방법이 달랐다. 발길 가는 대로 가서 그냥 그 시간과 경치를 즐기는 것이 즐겁고 그것으로 충분한 사람도 있지만[투어], 한번 떠난 여행이니 목적에 따라 알차게 뭔가를 하거나 보거나 체험해야 하는 사람도 있다[트래블]. 그 차이가 별거 아닌 것 같아도 상당히 큰 차이다.

책을 읽는 것도 그렇다. 투어를 선호하는 사람이 트래블처럼 읽어서는 지쳐버리고, 트래블을 좋아하는 사람이 투어처럼 읽어서는 맹랑한 느낌이 들어버린다. 이건 스타일의 문제이지 책의 문제가 아니며, 읽는 당신의 문제도 아니다.

　분명한 건 자기만의 호흡과 박자로 읽어야 한다는 것이다. 남의 호흡대로 숨을 쉬려고 하면 곧 가빠지고 오히려 숨이 막혀 온다. 머릿속 리듬이 온통 흐트러져 버리고 만다. 그러나 자기 리듬과 박자대로 읽으면 세상에 이리도 편안하고 좋은 것이 없다. 기가 막힐 정도로 즐겁다. 그런데 종종 우리는 그러지 못할 때가 있다.

　우선은 어릴 때부터 이상하게 강요된 방식 때문에 제 호흡과 리듬을 잃어버렸거나 억눌려서 그럴 수 있다. '책을 읽으면 독후감을 꼭 써야' 한다느니, '읽을 때 주제를 찾으면서 읽어야' 하고, 뭔가 '감동적인 구절이나 의미를 되새겨야' 한다는 것 같은 방식이 자신도 모르는 사이에 머릿속에 가득해서 그렇다. 이런 방식은 나쁜 것도 아니고 잘못된 것도 아니다. 다만 그런 스타일에 잘 맞는 사람은 괜찮지만 그렇지 않으면 상당히 힘겨워진다.

독서는 독후감을 쓰려고 하는 것이 아니다. 주제 찾기 게임을 하려고 헤매게 하는 지도도 아니다. 감동적인 구절 찾기도 좋고 깊은 의미를 새기는 것도 중요하나 그걸 억지로 하려고 해선 오히려 역효과가 난다. 그냥 흘러 넘쳐 감상을 말하고 쓰고 싶어져 쓰고, 곰곰이 생각해보니 핵심적인 의미가 무엇인지 떠올라야 한다. 그러면 감동이 담긴 구절도 보이고 의미도 깊어진다.

책 읽기에 왕도도 없고 정해진 방법도 없다. 몇 장 읽다가 그만둬도 상관없고, 앞만 읽거나 맨 뒤만 읽어도 괜찮다. 뒤적뒤적하다 우연히 몇 구절에서 감동을 받아도 좋다. 물론 죽 다 읽어도 좋다. 어떤 방법이든 자신의 호흡과 박자대로 리듬을 타면 그걸로 충분하다. 이보다 더 좋은 독서 방법은 없다. 트래블이든 투어든 자기 좋을 대로 읽으면 그만이다.

자신의 스타일도 때와 경우에 따라 바뀐다. 그러니 똑같은 책을 다시 읽어도 된다. 같은 나라 같은 도

시를 여러 번 찾아가도 매번 달리 보이는 것처럼 반복해서 책을 읽는 것도 좋은 일이다.

물론 가끔은 자신의 스타일이 아니어도 해봐야 할 때가 있다. 목적지를 두고 어딘가를 답사한다면서 투어 스타일로 하면 곤란하다. 자기 스타일이 그것이고 그 방식이 편하다 해도 그러면 안 된다. 그럴 의도라면 답사 여행에 끼면 안 된다.

느끼고 감흥에 취하고 깊이에 젖는 것이 독서의 이유라면 뭔가 목표점을 찍어 해내고 해치워야 하는 트래블 스타일은 곤란하다. 줄기차게 해치우며 뭔가를 찾는다고 목적이 달성되는 것은 아니다. 시를 읽는 것이 그렇다. 시 백 편을 숙제처럼 죽 읽어냈다고 해서 시에 담긴 감흥과 인간의 깊이를 이해할 수는 없다. 유유자적하는 마음으로 투어에 나서야 한다.

그러니 처음 책을 읽을 때는 자기 스타일대로 입맛에 맞는 것을 찾아 읽으면 된다. 그러다 보면 차츰 책 속 여행에 자신감이 생긴다. 자신도 모르는 사이에 다른 스타일로 읽을 수도 있게 된다. 읽는 목적에 따라, 책이 지니고 있는 고유의 진동 폭에 따라, 자신의 리듬과 박자를 책에 맞춰 호흡하게 되는 것이다. 이때도 사실은 내 스타일대로 읽고 있는 것인데, 내 스타일이 투어도 할 줄 알고 트래블도 할 줄 알 만큼 넓고 성숙해진 것이다.

이렇게 넓어지면 다른 두 명의 친구가 카페에 앉아 담소를 나누는 것에도 자연스레 끼어들 수 있게 된다. 비록 난 저기 멋진 장소에 가는 것이 더 좋지만 이런 여행도 좋다는 것을 깨닫게 되는 것이다. 그 정도는 아니어도 일단 욕을 하고 싸우지는 않게 될 것이다. 투어든 트래블이든 어차피 여행은 여행이고 이렇게 읽든 저렇게 읽든 책이 책인 것처럼 말이다.

**혼자만의 방으로
들어가기**

사실 '내 방이 없다.'는 생각조차 못하고 살다가 어느 날 퍼뜩 깨달았다. 학교에서 빌려온 책과 서류가 거실

장식장 위에 쌓듯이 놓여 있는 것을 보았을 때였다. 물론 거기다 책을 놓은 것은 나였고 그렇게 쌓아 올리기 시작한 것도 나였다. 그 쌓인 책 옆에 출근할 때 들고 다니는 내 가방이 덩그러니 놓여 있는 것을 보는 순간, 내 방은 고사하고 내 짐을 놓을 공간도 없다는 것을 깨달았다. 단순한 공간 문제라면 큰일이 아니지만, 나만의 방이 없다는 것은 내가 늘 집에서 가족들을 신경 쓰고 있다는 것이기에 문제였다. 내가 가족들에게 잘한다는 소리가 아니라 공연히 가족들에 대해 고민하고 걱정을 한다는 소리다. 할 필요도 없는 공연한 것들까지 죄다 끌어 모으면서 말이다. 이러면 신경이 너덜너덜해지지 않을 수 없다.

어떤 이들은 남들과 소통하고 어울리며 즐길 때 에너지를 얻는 반면, 혼자 있어야 에너지가 차오르는 이들도 있다. 혼자 있어야 쉼을 얻고 안정감이 생기는 사람은 말할 것도 없이 '혼자만의 방'이 꼭 필요하다. 남들과 만날 때 에너지가 생기는 사람도 혼자 있을 때가 필요하다. 반대 유형의 사람보다는 그 시간이 적어도 충분히 회복되지만 어쨌든 그들 역시 혼자만의 시간, '혼자만의 방'이 필요하다.

　혼자만의 방은 말 그대로 물리적으로 공간이 구분되면 좋다. 그러나 모두가 다 그런 환경을 갖출 수 있는 것은 아니다. 그래서 카페에 혼자 앉아 커피를 마시거나 조용한 산책을 하면서 이런저런 번잡한 생각을 정리하기도 한다. 주변과 남들에 대한 생각보다 나 자신의 문제, 내 삶에 대해 고민하고 성찰하며 새롭게 결심하는 것이다.

　이렇게 물리적 공간이 없다고 혼자만의 방을 못 만드는 것은 아니다. 주변이 왁자지껄 시끄러워도 나만의 심미적 공간을 만들어낼 수 있다. 그냥 명상처럼 눈을 감는 것도 좋은 방법이지만, 가장 보편적이고 좋은 방법은 책 읽기다.

　책을 펼쳐 들면 지금 여기 현실을 떠나 홀로 여행을 떠나는 셈이다. 주변 환경과 조건을 훌훌 털어버리고 책 속으로 쏙 빠져 들어간다. 그곳은 그 누구도 뭐라고 하지 않고 그 누구도 간섭하지 못하는 공간이자, 남들 신경 쓰지 않아도 되는 오롯이 나만의 공간이다. 그곳에선 나만의 시간이 나를 위해 흘러간다. 그야말로 '나만의 방'이다. 심미적 공간이 물리적 공간보다 좋은 점은 언제 어디서든 만들 수 있다는 것이다.

그 방에 들어가면 남들과 떨어져서 남들도 보고 나도 보고 세상도 본다. 그동안 몰랐던 것을 알게 되고 놓쳤던 것도 찾게 된다. 무엇보다 주변이 정리되며 점점 차분해진다. 책이 자극적인 내용의 블록버스터라고 해서 흥분만 되는 것이 아니다. 흥분과 설렘을 느끼면서도 차분히 거리를 둔 채 나와 주변을 관조하는 나만의 여유가 생기는 것이다. 쉬는 것이다.

물리적 공간에 홀로 있기를 좋아하다 보면 사실 문제가 될 수도 있다. 자칫 은둔형 외톨이가 될 수도 있다. 쉬려고 홀로 있다 보니 점점 남들이 필요 없다는 생각에까지 치닫게 되는 거다. 분명 문제다. 무엇보다 자신에게 말이다. 하지만 책을 읽는 것으로 혼자만의 방에 들어가는 것은 이런 부작용이 생기지 않는다. 그 방은 분명 혼자만의 쉼과 안식을 주지만, 그 방은 늘 다시 나가서 행복하게 지내라고 격려하는 방이다. 붙잡아두고 주저앉혀 괴롭히는 곳이 아니라 부축하고 북돋아주는 에너지 가득한 공간이 바로 책이라는 공간이다.

혼자를 고집하는 은둔형 외톨이는 물리적으로 격리된 그곳에서 자책하거나 자신만을 고양시키는 데 부심한다. 자신의 외고집 생각으로 '자신', '타자', '주변', '사회', '문화' 등 모든 것을 제멋대로 재단해 생각한다. 그렇게 점점 더 그 속에 매몰돼버리고 더 밖으로 나오기 힘들어진다. 하지만 심미적 공간을 열어주는 책은 홀로 있다고 해서 자신만을 고집하지 않는다. 책은 자신의 이야기가 아닌 주변 타자의 이야기이고 그 속에 갈마드는 자신만의 이야기이기도 하기 때문이다. 우리는 스스로 자신의 판단과 주체성을 버리고 살지는 못한다. 그런 일은 없다. 그런데 책은 자기 판단과 주체성에 대화를 시도한다. 스스로를 돌아보게 하고 주변과 연결지어 생각하게 한다. 그러면서 '자신'과 '타자'를 바라보고 그 관계에 대해 고민하게 한다. 그렇게 자신도 모르게 주고받는 대화가 끊임없이 이어진다.

그렇기에 책에서 혼자만의 공간을 찾았던 사람들은 늘 다시 우리 곁으로 돌아온다. 그리고 그는 그 방에 들어가기 전과는 조금 다른 그 무엇이 되어 돌아온다. 자신만의 방에서 활력을 충전했을 뿐만 아니라 자신도 모르게 묻어오는 꽃가루와 향기가 은은하기 때문이다. 그 향기에 본인은 물론이고 주변도 환해진다. 행복은 덤이다.

달콤한 케이크를 만드는 제빵사는 달콤한 냄새를 풍기기 마련이고 예쁜 꽃들을 가꾸는 정원사는 꽃향기를 끌고 다니기 마련이다. 그러려고 의도하지 않아도 절로 그렇게 된다. 어떤 책을 읽느냐에 따라, 어떤 나만의 방에 들어가느냐에 따라 우리는 달콤하기도 하고 향긋하기도 한 향기를 퍼뜨린다.

이제 비밀 하나를 말해주겠다.

책은 분명 나만의 방을 마련해주지만, 그 방은 늘 새롭게 리셋되는 방이다. 같은 책을 다시 읽어도 늘 다르고 새롭다. 우리는 단 한 번도 똑같은 방에 들어간 적이 없다. 늘 자기만의 방을 찾아 들어가고, 그곳에서 편안하고 행복한 쉼을 누리지만, 단 한 번도 같은 방인 적이 없다. '나만의 방'은 늘 새롭게 변화하는 방이다. 늘 새 침구에 색다른 어메니티(amenity)가 가지런히 준비되어 있는 환상적인 방이다.

　호텔 방 잡아놓고 뒹굴거리며 노는 호캉스가 신나는 이유는 내 맘대로 호텔의 시설들을 누리며 즐길 수 있기 때문이다. 잘 놀았고 신바람이 났고 그래서 또 다른 호텔로 호캉스를 가고 싶은 거다. 책이 그렇다. 취향에 맞는 하나를 골라 신나게 놀고 뒹굴며 지낼 수 있고 또 다른 하나를 찾아 떠나게 하는 것이 바로 책이다.

　나만의 방에 정해진 룰은 없다. 어떻게 꼭 해야 한다는 지침도 없다. 독서는 그런 것이다. 내 맘대로 생각하기 위해서, 내 방에서 내 멋대로 뒹굴거리기 위해서, 우리는 책을 읽는 것이다.

함께 읽는 일은
함께 사는 일

3

함께 읽으면
차츰 가까워진다

'함께 책을 읽는다.'는 것은 사실 불가능하다. 학교에서 교과서를 한목소리로 읽으면 될 것 같지만, 그때도 결국은 제각각 읽은 것뿐이다. 읽는 동안 나름대로 생각하고 느끼는 것도 다르니 말이다. '함께 읽는다.'는 것은 그런 물리적이고 수학적인 부합이 아니라 우리가 세상을 '함께 산다.'고 할 때의 '함께'를 말하는 것이다.

우리는 함께 읽을 수 있는데, 그건 똑같이 읽는다는 것이 아니라 달리 읽어도 하나가 될 수 있다는 의미의 '함께'이다. 혼자 읽는 것이 당연하고 본질적으로 그럴 수밖에 없는 독서가 사실은 함께 살기 위해 함께 읽어나가는 과정인 것이다. 그러니까 우리가 제각기 알아서 어떤 책이든 어떤 방식으로든 읽기만 한다면 우리는 모두 다 함께 책을 읽은 것이다.

그렇게 책을 읽어야 하는 이유는 우리가 사는 세

상이 함께 사는 세상이기 때문이고, 우리 인간은 그렇게 '함께'가 아니면 살 수 없는 존재이기 때문이다. 여느 동물들과 다른, 인간이 인간답게, 인간이 인간으로 살아올 수 있었던 이유가 바로 이 때문이다. 함께 책 읽기 말이다.

잘 아는 여학생이 있는데 어려서부터 책도 많이 읽고 생각도 많이 하는 학생인데, 이상하게도 국어 시험만 보면 점수가 좋지 못했다. 한두 번이 아니라 늘 성적이 안 좋았고 본인도 조금 속상한 듯 보여, "시험이 많이 어렵니?"라고 물었다. 그런데 답은 엉뚱하게도 시험을 보는 시간이 부족하다는 거였다. 그 학생은 5분 남겨놓고 허둥지둥 나머지 문제들을 찍어버렸고, 그러다 보니 점수가 좋을 리 없었단다.

이해가 잘 안 되었다. 그토록 책을 많이 읽고 말도 조리 있게 잘하는 품을 보면 결코 언어능력이 부족해 보이지 않았는데 말이다. 왜 시간이 부족하냐고 묻자 다음과 같이 놀라운 답을 했다.

"예문을 읽다 보면 그 내용에 빠져버려서…."

문학 작품의 경우 특히 더 그렇다고 했다. 아무리

짧은 글이어도 그 상황과 인물에 몰입해서 읽다 보면 저도 모르게 푹 빠져버린다는 거였다. 그렇게 시간도 잊고 지금이 시험 중이란 사실도 잊고 그냥 인물의 감정과 상황의 매력 속에서 거닐다가 퍼뜩 현실을 자각하면 시험 시간이 한참 지나 있다고 했다.

난 그냥 싱긋 웃으며, 본래 책이란 그렇게 읽어야 한다고, 지금 네가 정말 잘하고 있는 거라고 말해주었다. 학점보다 읽기를 제대로 하는 것이 훨씬 나은 것이니 말이다.

읽기란 체화(體化)시키는 경험이다. 자기 밖에 있는 것을 읽기를 통해 스스로 이해해서 자신의 것이 되도록 하는 과정이다. 나중에는 그것이 어떻게 내가 되었는지까지 잊어버릴 정도로 내 몸과 하나가 되는 체화가 독서의 본령이다. 읽기는 단순히 단어를 이해하고 해석하는 것 이상의 활동이다. 누군가의 의견을 경청하고 지식을 정리하고 쌓는 것 이상의 훨씬 더 높고 깊은 고매한 작용이다. 사람마다 체화하는 방법은 다를 수 있지만 체화된 경험은 궁극적으로 같은 것을 지향하고 공유한다. 제 나름대로 달리 읽었지만 결국

'함께 읽은 것'이 되는 것이다.

앞서 말한 여학생처럼 시험 시간에도 예문을 몰입해서 읽는 사람도 있지만 그렇지 않은 사람도 있다. 이렇게 몰입의 정도와 방법이 사람마다 제각각이지만 결국 읽어낸 것은 동일한 것이다. 몰입의 정도와 방법만이 아니라 장소도 제각각이다. 집에서 읽는 사람도 있고 카페에서 읽는 사람도 있다. 몰래 읽는 사람도 있고 버스나 지하철에서 읽는 사람도 있다. 심지어 여행가방 가득 책을 싣고 프랑스 파리로 날아가 호텔 최상층에서 몇 주 동안 책만 읽는 사람도 있다. 굳이 그럴 필요 있냐는 물음에, "같은 책이어도 어디에서 읽느냐에 따라 다른 느낌이고 다른 감각이라 달리 읽히거든요."라고 자랑스레 말한다.

이렇게 저마다 읽는 방법과 읽는 시간, 읽는 내용과 이해하는 속도와 방법이 다르고, 읽는 책도 다르지만, 결국 그렇게 읽기를 통해 도달하는 곳은 같은 곳이다. 인간이란 무엇이고, 인간다움이란 무엇이며, 인간인 우리는 어떻게 인간답게 살아야 할까라는 본질에 접근한다. 인간 본성에 관한 책이 아니어도, 인문서가 아니라 자연과학 서적이어도, 심지어 인간의 끔찍한 면이 드러나는 책이라 해도, 결국 우리는 그 책에서 말하고 보여주는 인간다움에 관심을 집중하게 된다. 그렇게 '인간답게 사는 것'이 무엇인지에 대한 성찰로 읽기가 모아진다.

만원 지하철에서 환승하려고 내리면 정말 많은 사람 무리에 끼게 된다. 내 보폭과 내 급함이나 느림과 상관없이 모두가 조심조심 몰리듯이 걸어간다. 그러다 환승 통로로 연결되는 계단에 이르면 갑자기 조금 빨라진다. '지금까지 우물쭈물 걸었는데 어떻게?'라는 생각이 들 정도다. 이유는 계단을 내려가는 사람들이 모두 다 계단의 폭만큼 발을 내딛으며 내려가기 때문이다. 그 계단이 만들어진 폭만큼 모두가 맞춰서 걷는 것이다. 함께 읽기는 이런 것이다. 책이 지닌 일정한 리듬과 폭에 따라 제각각인 우리가 발맞춰 함께 걷는 것처럼 모두가 함께 읽게 되는 것이다.

어떻게 책을 읽어도 결국 우리는 같은 목표를 향해 걸어간다. 전 세계 어느 지역 어떤 종교, 어떤 인종, 어떤 문화권의 사람이든 마찬가지다. 지금 사람이든 옛날 사람이든 앞으로 태어날 미래의 사람이든 모두 함께 동일하다. 읽을 때 우리가 그렇게 된다.

함께 읽는 책이란 이런 거다. 함께 읽으면 서로 다른 우리가 차츰 가까워지게 된다. 같은 마음으로 같은 곳을 바라보는 건 즐겁고 행복한 일이다. 그러니 우리는 함께 읽어야만 한다.

나는 고작 $1/n$이지만
우리는 ∞/n가 될 수 있다

중학교 시절 민주주의 투표를 배울 때 가장 헛갈렸던 것이 '보통선거'와 '평등선거'였다. 한 사람이 1표씩만 투표한다는 '보통선거'와 그 1표는 누구의 표든 동등하다는 '평등선거'는 전혀 다른 말이지만, 그때는 잘 이해되지 않아 어려웠다. 그렇게 정립된 역사적 배경을 몰랐기에 더 그랬다.

현대의 민주주의와 투표제도를 발전시킨 과정을

보면 지금 우리가 상식적으로 옳다고 생각하는 사실까지 오기가 험난했음을 알 수 있다. 왕과 귀족이 있는 계급사회에서의 모든 결정은 왕과 귀족들이 하는 것이었고 그러는 것이 옳다고 생각했다. 이때 '옳다고 생각'하는 사람들은 귀족 계층만이 아니라 평민들도 그렇게 여겼다는 점이다. 그것이 오랜 세뇌의 결과이든 먹고살기 바빠 무신경했기에 그랬든 평민들은 귀족들이 결정하는 것이 당연하다고 여겼다.

그런데 차츰 문제가 생겼다. 평민들이 깨닫기 시작한 것도 이유지만, 귀족들 상황도 복잡해졌기 때문이다. 소수인 귀족들이 자기들만의 토론과 회의로 결정하는 것이 점점 나쁜 결과를 만들어낸다는 것을 알게 되었다. 그래서 점차 평민들도 결정에 참여하여 투표를 하게 되었다. 이때 참여한 평민들은 지금과 같은 모든 국민은 아니었고, 나름 힘과 세력을 갖춘 인물들이었다. 아무튼 이들이 모여 투표를 했는데, 이때 귀족들의 투표권과 평민들의 투표권이 동일하지 않았다. 귀족들이 더 많은 수의 투표 권한을 가졌고 평민들은 그렇지 않았다. 이 역시 그 당시에는 어느 정도

타당하다고 여겼다.

이전보다는 나아졌지만 문제는 지속됐다. 아직 참여하지 못한 사람들의 불만 등도 문제였지만, 참여한 사람들 사이에서도 여전히 문제가 있었다. 결국 귀족이든 평민이든 한 사람이 각자 1표만을 행사하고 이때 그 1표는 더 중요하고 덜 중요함의 우열이 없다는 것을 받아들이게 되었다. 지금처럼 되기까지는 각 나라마다 각 문화권마다 상황이 들쭉날쭉했지만 결국 우리들이 알고 있는 민주주의 방식이 되었다.

종종 우리는 세상을 뭔가 투쟁을 통해 뺏고 뺏기는 것으로만 보려고 한다. 그런 면도 분명히 있다. 또 정반대로 가진 자들이 엄청난 아량을 베풀어 가지지 못한 자들에게 나눠주었다고만 보는 사람도 있다. 역시 그런 면도 없지 않다. 하지만 인간은 이기적인 존재들이고 욕망이 가득한 존재들이다. 모두들 자신에게 '이익이 된다.'고 생각하는 방향으로 행동하고 사고한다. 즉, 투표가 지금처럼 모든 사람들에게 공평하게 이루어지게 된 것은 단순히 있는 자의 아량이나 없는 자의 투쟁 때문만이 아니라, 둘 사이의 논리적 타협에 따른 결과다.

　영국의 의회 민주주의를 출발시켰다고 평가되는 명예혁명(Glorious Revolution, 1688)이라는 것만 해도 그렇다. 싸운다면 전쟁이나 격렬한 폭동처럼 피를 흘리는 것이어야 하는데, 그러지 않고 서로 타협해서 이루어냈다고 '명예(名譽)'라는 이름을 붙인 것이다. 이것이 가능했던 것은 두 세력 모두 피를 흘리며 싸우는 것보다 타협하는 것이 더 이익이 된다고 각각 판단했기 때문이다. 투표를 비롯한 민주주의 체계에서 잊지 말아야 할 것은 당장은 손해처럼 보이고 조금 억울해 보여도 결국 그것이 더 나에게 이익이 된다는 판단이 내재되어 있다는 사실이다.

　이제 우리는 개개인 모두 세상일에 대해 $1/n$만큼의 입장을 지니게 되었다. 내가 아무리 똑똑해도, 지위가 높아도, 권위가 하늘을 찔러도, 결국 우리 모두는 각자 $1/n$일 뿐이다. 중세 시대라면 $1/n$이 아니라 0일 수도 있고 혼자 10,000일 수도 있지만, 지금은 그렇지 않다. 혼자서 다 갖고 독단하면 주변뿐만 아니라 결국 그 자신에게도 독이 된다는 것을 우리 인류가 뼈

저린 경험을 통해 깨닫게 된 것이다.

자, 그럼 우리는 1/n을 가지고 어떻게 살아가는 걸까? 투표도 그렇지만, 세상의 모든 것에 대한 판단과 결정을 어떻게 하며 사는 것일까? 남들이 정한 대로 따라가면 되는 걸까? 그냥 내 맘이 시키는 대로 살아도 좋은 걸까? 그러면 문제없이 행복할까?

이런 고민은 우리보다 앞선 수많은 사람들이 했다. 그 고민의 결과는 아주 단순하고 간결하다. 각자 자신들에게 이롭다고 생각한 자신의 그 '하나'를 다른 사람들과 소통함으로써 '둘'이 되고 '셋'이 되도록 만들면 된다는 것이다. 즉, 1/n이 모여 2/n이 되고 3/n이 되고 그렇게 10/n, 100/n, 10,000/n이 되도록 하는 민주주의 방법을 따르면 된다. 민주주의를 내 식으로 번역해 말하면 이렇다.

나는 고작 1/n이지만 우리는 ∞/n가 될 수 있다

나는 내 생각이 있다. 옳고 그른지 모르겠지만 아무튼 난 그렇게 느끼고 그렇게 생각하며 그렇게 산다. 이것

을 부정할 수는 없다. 기가 막힌 가면을 쓰고 아닌 척 고상하게 폼 잡으며 속일 수는 있지만, 내 마음속에 드는 생각이나 감정, 남몰래 살아가는 방식은 그 자체로 현실에 존재하는 진실이다. 내 생각, 내 감정에는 좋고 나쁨이 없다. 혼자만의 생각이고 혼자만의 감정이고 혼자만의 행동이니 그건 본인이 알아서 할 영역이다. 밖으로 나오지만 않으면 말이다.

자신의 생각과 감정이 밖으로 나오게 되면 좋고 나쁨의 문제가 발생한다. 소통하고 타협하지 않으면 자신이 옳다고 믿는 것을 남에게 강요하게 된다. 그러면 곤란하다. 왜냐하면 다른 사람도 자기만의 느낌, 생각, 행동이 있으니 말이다. 홉스(Thomas Hobbes, 1588~1679)가 《리바이어던(Leviathan)》에서 '만인(萬人)에 대한 만인(萬人)의 투쟁'이라는 말로 요약한 험악한 상황이 빚어진다.

근대 이전의 사회라면 누가 더 힘이 세고, 더 재산이 많고, 권력이 높으냐에 따라 느낌과 생각, 행동을 강요했겠지만, 지금은 그러면 안 된다. 그것이 도덕적으로 나빠서만이 아니라 그렇게 하는 강요가 당신에게 독이 되기 때문이다. 자신의 느낌, 생각, 행동이라는 1/n을 다른 사람의 1/n과 하나가 되도록 말하고 이해하고 조율하고 타협해야 한다. 그렇게 합해져 2/n가 되어야 한다.

이제는 서로 같은 생각을 공유하는 방법, 서로 이해하고 소통하는 방법이 중요해졌다. 직접 만나 대화할 수도 있고 글로 적어 편지나 이메일로 전달할 수도 있다. 그런 소통에 가장 중요한 방법이 책 읽기다. 그렇다. 함께 읽기다.

읽지 않는 사람이 좋은 세상을 만들 수 없다. 만들고 싶어도 불가능하다. 똑똑한 사람이 없어서가 아니라 아무리 훌륭한 생각도 고작 1/n이기 때문이다. 갑신정변(甲申政變, 1884)을 일으킨 김옥균(金玉均, 1851~1894)의 생각과 주장이 틀렸기에 갑신정변이 실패한 것이 아니라, 당시 백성들이 도무지 이해할 수 없는 것들이었기에 실패한 것이다. 고작 한 줌도 안 되는 사람들만 알고 공유하는 생각으로는 그것이 아무리 뛰어난 사상이라 해도 널리 퍼질 수 없다. 똑똑한 천재 김옥균은 자신이 고작 1/n이라는 사실을 간과했던 것이다.

　우리는 고작 1/n일 뿐이지만 소통하면 합해져 커질 수 있다. 함께 판단하고 결정한 것은 나와 우리를 살기 좋게 한다. 인간다움이 넘치는 공간이 되게 한다.

　나는 우리가 되고 1은 무한대가 되는 것이다.

**질보다 양이
중요한 이유**

책 한 권을 수백 번 읽었다는 광고 문구를 볼 때마다 나는 그 말이 거짓말이기를 바란다. 그러면 곤란하기 때문이다.

　같은 책을 한두 번 다시 읽는 경우는 있다. 너무 좋아 그럴 수도 있고, 읽었는데 기억이 나지 않아 다시 읽을 수도 있다. 하지만 열 번 이상 반복해서 다시 읽는다? 그건 좀 과하다. 외울 작정이 아니라면 그러기 쉽지 않다. 그렇게 읽는 책은 한 종류뿐이다. 종교의 경전이 그렇다.

《논어(論語)》,《맹자(孟子)》는 그래도 쉬운 편이지만 《금강경(金剛經)》이나《아함경(阿含經)》,《쿠란》이나《성경》은 내용이 무척 어렵다. 읽어도 제대로 이해가 안 되어 반복하여 읽기도 하고, 종교적 열정으로 읽는 것 자체에 의미를 두고 거듭 반복하기도 한다. 모두 경전이기에 가능한 일이다.

조선시대 사대부들은《논어》,《맹자》를 비롯한 유교 경전을 줄줄 암송했다. 그것이 학식의 기초이자 전부이기에 외울 정도로 반복에 반복을 거듭하여 읽었다. 기록에 따르면 김득신(金得臣, 1604~1684)은《사기(史記)》의 〈백이전(伯夷傳)〉을 십만 번 이상 읽었다고 하는데, 어느 정도 과장이 섞였을 수 있지만 어떻든 수천 번 이상 읽은 것은 분명하다. 불경을 그렇게 수없이 읽는 분들도 있다. 이해하고 믿고 따르기 위해서다. 종교적 신앙의 형태는 이렇다. 그런데 일반적인 책을 두고 이렇게 읽고 따른다면 어떻게 될까? 광신이 되기 쉽다.

물론 좋은 책은 있다. 다른 책들보다 가치 있고 중

요한 책이 분명 있다. 그래도 그 책의 내용을 무조건 따른다면 그건 곤란하다. 진지하게 반복해서 읽는 것이 나쁘다는 것이 아니라 교조적으로 추종하듯 반복해 읽는 것이 문제다. 하나만 옳다고 파고드는 생각이 아집을 가져오고, 다른 것을 수용할 마음의 여유가 없어져 편견을 부추기게 된다. 균형 잡히지 못한 시각으로 자신과 세상을 바라보게 만든다는 점에서 정말 문제가 있다. 그야말로 "책 한 권만 읽는 사람이 위험하다."는 말을 무겁게 받아들여야 한다. 심각하고 치명적이며 위험하다. 자신과 주변 모두에게 말이다.

하나의 책을 강박적으로 집착해서 그것만 옳다고 맹신하는 사람은 억지로 여러 권의 책을 읽게 해도 마찬가지로 교조적인 사고에서 벗어나지 못한다. 그는 마음속에 이미 결정한 하나의 텍스트가 있기 때문이다. 아무리 많은 책을 읽어도 선입견일 수도 있고 편견일 수도 있는 그 마음속 텍스트만을 되새기며 확인하고 강화하고자 읽기에 그건 여전히 치명적이다. 독서가 아니라 독(毒)을 마시는 행위다.

스탈린(Joseph Vissarionovich Stalin, 1879~1953)은 엄청난

독서광이었다. 수많은 책을 읽었고 그 많은 책에 열심히 밑줄을 그었다. 그가 어떤 식으로 책을 읽었는지는 그의 마음속을 모르니 알 수 없지만, 짐작은 충분히 할 수 있다. 그가 책 옆에 적어놓은 메모나 그가 중요하다고 밑줄을 그은 구절을 살펴보면 그의 정신세계를 파악할 수 있다. 그는 자신이 이미 선험적으로 옳다고 결정한 것을 재확인하고 뒷받침하기 위해 다른 사람들의 글을 읽은 거였다. 책을 지은 저자와 책 내용의 권위를 빌어 자기 생각이 옳다는 확신을 더 강화시켰고, 그렇게 스탈린은 주변 사람들을 무자비하게 숙청하고 국민들을 엄청난 고통의 구렁텅이에 빠뜨리는 일을 버젓이 자행했다. 그는 죽는 그 시점까지 자신이 옳다고 여겼다.

    스탈린은 책을 읽었다. 그것도 많이 읽었다. 하지만 그는 책을 읽은 것이 아니고 많이 읽은 것도 아니었다. 그는 그냥 자신의 비뚤어진 아집을 고착화하기 위해 그럴듯한 것들을 찾아 뒤적거린 자였을 뿐이다. 책이 지니고 있는 본래의 맥락이나 책이 지향하고 있는 가치를 알지 못했다. 당연하다. 남의 말을 경청하려고 책을 읽은 것이 아니라 제 아집의 근거를 찾기 위해 읽었으니 말이다. 그는 책을 읽은 것이 아니라 책을 도구로 삼았을 뿐이다.

노벨상을 만든 노벨(Alfred Bernhard Nobel, 1833~1896)이 자신이 발명한 다이너마이트가 전쟁에서 살상용으로 이용되는 것에 충격을 받아 그 상을 제정했다는 것은 유명한 이야기다. 노벨의 생각에 다이너마이트의 본래 맥락은 전쟁이 아니었는데 그걸 엉뚱하게도 사람을 죽이는 데 사용하더란 거였다. 다이너마이트가 문제가 아니라 그걸 살상 도구로 이용한 사람이 문제였던 것이다. 책도 그렇다. 모든 책은 다 좋은 책이다. 허접스러운 내용을 담고 있다 해도 그 책을 어떻게 읽고 이해하느냐는 읽는 사람의 몫이다. 더러운 똥도 거름이 될 수 있고 악취가 나는 오염물에 머물 수도 있다. 무엇이든 선한 의도로 그 맥락에 따라 읽는다면 모든 책이 다 좋은 책이다. 하지만 그걸 도구적으로 이용하는 자에게는 아무리 좋은 책도 나쁜 책이 되고 만다.

평생 책 한 권만 읽고 그 책에서 따온 한 구절만을

구호로 삼으며 주변을 혼미하게 한다면 그건 비극적인 일이다. 책을 많이 읽었다고 하지만 교조적인 아집과 자신의 편견을 확인하는 도구로 읽는 자들은 오직 한 권만 읽은 것이나 다름없다. 제 자신이 신으로 등장하는 유일한 제 마음속 경전, 바로 그 고집스런 한 권 말이다.

내가 1/n이듯 책도 1/n이란 것을 우리는 깨달아야 한다. 공감이 가는 책이든 그렇지 못한 책이든, 깊은 감동에 휩싸이게 한 책이든 그렇지 않은 책이든, 모든 책은 다 제 나름의 이유와 가치가 있다. 우리는 그 책들을 두루두루 읽어야 한다.

치우침 없이 다양하게 읽는 독서가 중요하다. 넓게 읽어야 한다. 그러기 위해서는 읽어내는 책의 숫자가 무엇보다 많아야 한다. 일정한 양이 어느 정도 차야 일정한 질이 보장되기 때문이다.

헤겔(Georg Wilhelm Friedrich Hegel, 1770~1831)의 변증법을 말할 때 우리는 '정반합'만을 생각하는데, 그보다 더 중요한 명제는 "양(量)적 집적이 있어야 질(質)적 변화가 있다."는 지적이다. 말 그대로다. 뭔가 의미 있는 변화는 어느 특별한 하나로 이루어지는 것이 아니라, 어느 정도 일정한 분량이 차야 비로소 질적인 변화가 일어난다는 말이다. 악기를 연주하는 분들이나 프로 스포츠 선수라면 상식적으로 체험하는 일이다. 날마다 바이올린을 연주해야, 일정한 시간의 노력을 쌓아야, 비로소 머릿속에 탁 트이는 기묘한 질적 수준의 고양이 생기는 것이다. 읽기야말로 그렇다. 어느 정도 양이 채워져야 한다. 잘 안 읽힌다고 하는 사람도 일정 양이 차면 잘 읽게 되고 훨씬 더 잘 이해하게 된다.

자, 그럼 우리는 어느 정도의 독서량을 채워야 할까? 그 양은 각자 개인의 상황에 따라 다를 것이다. 그래도 제안하자면 적어도 1년에 50권 이상 읽기를 목표로 정하는 것이 바람직하다.

너무 많아 보이는가? 아님 '애걔 겨우?'란 생각이 드는가?

솔직히 난 100권을 읽었으면 하는 마음이다. 1년에 100권! 그렇게 계속 읽다 보면 어느 날 문득 변해 있는 자신을 발견하게 된다.

많이 읽어야 한다.

도전!
1년에 100권 읽기

굳이 핑계를 대자면 내가 중고등학교를 다니던 시절에는 지금처럼 책이 많지 않았고 종류도 다양하지 않았다. 지금은 출판사를 차리기도 쉽고 책 출판도 자유롭지만 그 당시는 출판물을 허가받아야 낼 수 있는 때였다.

나도 다른 중고등학생마냥 교과서와 참고서만 읽었다. 가끔 선생님께서 독서를 강조하셨지만 별로 신경 쓰지 않았다. 읽으라고 하는 책들이 죄다 재미없고 지루한 것뿐이었다. 안 읽어도 별일 없었고 점수에 반영되는 것도 아니었다. 그 시간에《수학의 정석》문제 하나를 더 푸는 게 나았다.

따지고 보면 내 독서 이력은 초등학교 때 셜록 홈스의 추리소설과〈소년중앙〉,〈어깨동무〉등의 잡지를 본 것이 전부였다. 물론 몇 장 넘기면 끝나는《콩쥐팥쥐》같은 그림책도 있었지만, 내가 생각해도 채 스무 장도 안 되는 걸 읽었다고 말하기는 좀 쑥스럽다.

그래도 학창시절 큰맘 먹고 읽은 책이 두 권 있다. 헤르만 헤세의 《싯다르타》와 E. H. 카의 《역사란 무엇인가》였다. 내가 그렇게 엄청난 책을 골랐을 리는 없고, 고등학교 1학년 때 담임선생님께서 나를 서점에 데려가서 골라주셨던 것이다. 굳이 나한테만 그러신 것을 보면, 선생님께서는 내 딱한 사정과 답답한 성정을 잘 아셨던 것 같다.

어렴풋하게나마 선생님의 깊으신 뜻이 느껴지는 듯해서 어떻게든 읽기는 해야겠다는 맘을 먹었다. 두 권 중 《싯다르타》를 손에 들었다. 석가모니 부처님의 일대기를 쓴 책이었다. 깊은 의미를 그때는 몰랐고 지금도 잘 모르지만 재미는 있었다. 하지만 《역사란 무엇인가》는 영 아니었다. 그 유명한 "역사란 과거와 현재의 끊임없는 대화"라는 문장이 들어 있는 책이란 것만 알았다. 당시 선생님들께서 줄곧 대단하다고 인용하신 구절이라 알았을 뿐이지, 그 구절의 뜻도 잘 몰랐다. 억지로 읽었다. 하나도 이해하지 못했다. 솔직히 말하면 앞 몇 페이지를 읽다가 포기했다. 아마

끝까지 읽었어도 이해하지 못했을 것이다. 그렇게 멈춘 독서는 지금까지도 끝내지 못한 상태다. 앞으로도 어떤 특별한 이유가 생기지 않는 한 굳이 읽을 것 같지는 않다. 아무튼 이것이 고등학교까지 내가 읽은 책들의 전부였다.

대학생이 되었다. 국문과를 진학했지만 여전히 책을 읽지 않았다. 많이 읽으라는 사람도 없었지만 그게 중요하다고 말하는 사람은 없었고, 설령 있었다 해도 내가 그 말을 무겁게 받아들이지 않았을 것 같다.

그렇게 1학년을 다녔는데 무척 괴로웠다. 사회 상황도 그랬지만, 무엇보다 학교 수업 내용을 이해할 수 없었기 때문이다. 대학 시절 교수님들께는 죄송한 말씀이지만 학문적 수준은 높으셨지만 그걸 전달하시는 방식은 좀 아니었다. 우리처럼 바닥 수준의 학생들에게는 너무 어려웠다. 물론 잘 알아듣는 친구들도 있었다. 어쩌면 나만 바닥이었는지도 모르겠다.

내 괴로움과 고민이 바로 그거였다. 강의 시간에 누군가는 잘 알아듣고 손을 번쩍번쩍 들었다. 질문도 하고 진지한 표정으로 엄청난 말들을 발표하기도 했다. 문제는 선생님의 말씀도 이해하지 못했지만 동기들의 질문과 대답도 알아듣기 버거웠다는 것이다. 나름 공부를 열심히 했다고 자부했는데, 그게 아닌 거였다. 낙심했다.

믿기지 않겠지만, 그 충격으로 난 1학년 마치고 군대를 갔다. 군대라도 빨리 끝내놓자는 마음이었다. 아마도 1학년 때 받았던 충격으로 내가 조금이나마 독서에 대해 필요성을 느꼈을지도 모르겠다. '아마도'인 까닭은 복학해서도 독서를 미친 듯이 시작하지는 않았기 때문이다. 학교는 변함없었고 교수님들도 독서의 중요성을 강조하지는 않으셨다.

그러다 느닷없이 계기가 찾아왔다. 내가 다니던 정말 조그만 교회에서 들은 강연이 내 인생을 바꿔놓았다.

조그만 교회이기에 청년들이 다 모여도 채 열 명이 안 되는 실정인데, 어느 날 '현대 기독 청년의 성과 사랑'이란 엄청난 제목으로 강연을 연다는 소식을 접했다. 난 지금도 대체 누가 그런 기획을 했는지 모른다. 그때는 1991년이었다. 지금도 교회에서 '성과 사랑' 같은 강연은 잘 하지 않는 주제다. 그 옛날에 '예수와 복음', '기도와 선교' 같은 것이나 할 것 같은 교회에서 너무나도 기가 막힌 주제로 강연을 열다니, 그것도 열 명이 안 되는 청년부에서…. 말도 안 되는 일이었다.

아무튼 참석했다. 워낙 사람이 적은 교회라 나까지 빠지면 강사이신 목사님께 너무 죄송스런 일이었다. 별다른 기대는 없었다. '교회에서 말하는 성과 사랑이니 앙꼬 빠진 찐빵 같겠지.'라고 생각했다. 모인 숫자를 보니 예상대로 열 명이 안 되었고, 뒤에 아기를 포대기로 싸 업고 애를 달래시는 젊은 여자 집사님이 한 분 계셨다. 이 집사님은 나중에 "잘못한 결혼이면 이혼해야 되나요?"라는 질문도 하셨다. 당시 내겐 '이혼'이란 말 자체가 충격이었기에 또렷이 기억한다. 솔직히 말해 당시로서는 파격적인 강연 내용이었고 흥미진진했다. 목사님은 무려 3시간을 쉬지 않고 말씀하셨고 우리는 흐트러짐 없이 똑바로 앉아서 그야말로 빨려들 듯 경청했다. 그랬음에도 불구하고 난 지금도 그때 강연 내용은 하나도 떠오르지 않는다. 성과 사랑에 대해 뭐라 말씀하셨는지 모르겠다. 분명 진지했고 중요했다는 것만 느낌으로 남아 있다.

내 기억의 부실함은 아마도 그 강연의 주제보다 그때 받았던 충격 때문일 수도 있다. 그 강연은 내 인생에 중요한 것을 바꾸어놓았다. 그것은 바로 독서였다. 강연 주제가 독서는 아니었지만 그때 난 독서에 대해 깊이 깨달았다.

계기는 전혀 엉뚱한 데서 시작되었다. 목사님 말씀이, 당신이 스무 살까지 미국에 사시다가 혼자 한국으로 와 대학에 다니시고, 목사가 되셨다는 내용을 설명하는 대목이었다.

"한국으로 건너올 때 책을 한 만 권 정도 골라서 가져왔어요."

지금도 목소리까지 또렷하게 기억하는 말이다. 목사님의 미국 집은 꽤 크고 넓었다고 했다. 그 넓은 거실에 가득 책이 있었는데, 그 책들은 다 목사님이 하나씩 사신 거라고 했다. 전집으로 구매한 건 하나도 없다고 하셨다. 그 책들 중에서 한국에서 봐야 할 것 같은 책을 골라서 가져왔다는 말씀이었고, 그냥 지나가는 말씀처럼 해서서 다들 주목하지 않았다. 게다가 이건 기독 청년과도 관계없고 '성과 사랑'과도 관계없는 일화였다. 그때 난 '목사님은 부자구나. 그렇게 큰 집에서 사셨다니.'라는 생각을 하지 않았고, '만 권을 두려고 하면 아파트가 몇 평이어야 하나.'라는 생각도 들지 않았다. 내가 꽂힌 생각은 단 하나였다.

'스무 살? 골라서 가져온 책 만 권?'

목사님이 부자인지, 그 집이 얼마나 큰지, 그 책을 사려면 얼마나 많은 돈이 필요한지는 내게 하나도 중요하지 않았다. 그 많은 책 중에서 만 권을 골라 가져왔다면 더 많은 책이 있었을 거란 생각이었다. 그 많은 책을 다 읽었다고는 바보 같은 나도 생각하지 않았다. 하지만 적어도 그 책들의 제목만이라도 읽었을 테니 '대체 얼마나 많은 책을 읽은 거지?'라는 생각이 머릿속을 떠나지 않았다. 고작 스무 살에 말이다.

충격은 내가 그때 군대도 다녀온 나이였고, 스무 살은 넘은 나이였으며, 게다가 난 국문과였다. 공부를 하겠답시고 똥폼 잡는 국문과 대학생이었단 말이다.

순간 몰려온 감정은 부끄러움이었다. 누구도 내게

손가락질하지 않았지만 창피해서 미칠 것 같았다. 누가 뭐라고 하지도 않고, 또 누구도 모르지만, 그리고 다른 사람들 수준도 나랑 크게 다를 것 없지만, 나는 부끄럽고 창피했다. '머릿속이 텅텅 비어 있으면서도 뻔뻔하게 공부를 하겠다는 말도 안 되는 목표를 가지고 있다니… 이런 답답한 친구야.' 하는 소리가 윙윙 울렸다.

그래서 생각했다.

'대체 난 스무 살 먹을 때까지 몇 권을 읽었지?'

머릿속으로 세어봤다. 이미 말했으니 아시겠지만, 휘리릭 몇 장만 넘기면 끝나는 그림책까지 합해도 100권이 안 될 것 같았다.

부끄러움은 참담함으로 변했다. 그리고 그 참담함의 바닥에서 오기가 생겼다.

강단에 서 계신 목사님은 뭔가를 진지하게 말씀하시는데 내겐 하나도 들리지 않았다. 내 머릿속은 '어떻게 해야 책 만 권을 읽지?' 쉬지 않고 계산하기 시작했다.

하루 1권? 불가능하다.

일주일에 1권? 그러면 1년이 52주이니 52권을 읽을 수 있다. 살다 보면 못 읽을 때도 있으니 대략 1년에 50권 읽는다고 치자. 그러면 10년이 되어야 500권이었다. 너무 적었다. 만 권은커녕 천 권을 읽으려 해도 20년이나 걸렸다.

그럼 일주일에 2권? 그건 얼추 가능할 것 같았다. 아니 무척 어려워 보였지만 그렇게 해야 10년에 천 권이 되는 거였다. 더 무리해서 일주일에 3권으로 정할 수도 있지만, 과도한 목표는 결국 포기하게 만드는 지름길이란 걸 알 정도의 꾀는 있었다.

그래서 그날부터 일주일에 2권씩 읽기 시작했다. 다 읽으면 다이어리에 읽은 책 제목을 썼다. 1년 후에 결산할 요량으로 그랬다.

그냥 읽었다. 쉽게 빨리 읽힐 것 같은 책만 골라 읽었다. 아무튼 목표를 채우는 것이 중요했다. 어떤 내용인지는 중요하지 않았다. 내용이 아니라 양이 문제였고 그것이 중요했다. 결과적으로는 헤겔이 말한 것을 따른 셈이 되었지만 그땐 그런 엄청난 담론을 알지도 못했다. 단지 해치워서 도달하겠다는 얄팍한 성취감이 목표였다. 얄팍하지만 그 성취감이 결국 나중에 크고 묵직한 감동이 된다는 것도 몰랐고, 그런 걸 고민할 겨를도 없었다. 때론 여러 권으로 나눠진 소설을 읽었다. 죽죽 읽어나갈 수 있어서 너무 좋았다.

하지만 그해 마지막 날 결산해보니 100권이 아니라 84권이었다. 게을러서는 아니었다. 2권을 못 채운 주를 확인해보니, 학교 중간고사·기말고사 기간이었다. 시험공부를 하느라 책을 못 읽은 거였다.

계획을 수정했다. 다음 해엔 시험 기간을 대비해서 미리 당겨서 읽기로 했다. 일주일에 2권이 아니라 3권을 읽겠다는 기세로 줄기차게 읽어댔다. 물론 시험 기간에는 학교 공부만 했다. 마침내 그해에 104권을 읽었다. 내용은 하나도 기억나지 않고 그리 중요한 책을 읽은 것 같지도 않지만, 그러면 뭐 어떤가! 목표를 달성한 째지는 즐거움에 흥분이 가라앉지 않았다.

그다음 해는 112권, 그다음 해는 128권, 그다음 해는 140권대를 찍었다.

그렇게 죽죽 나가던 내 독서 기록이 갑자기 40권대로 뚝 떨어진 해가 있었다. 결혼한 해였다. 그야말로 정신이 하나도 없던 해였는데, 일은 일대로 공부는 공부대로 하면서 새로운 삶을 살아야 하다 보니 나 혼자만의 방에 훌쩍 들어가는 것이 여간 쉽지 않았다. 그다음 해도 쉽지 않았다. 아이가 태어났다. 책 읽기보다 아이가 훨씬 중요했다.

아이를 낳고 키우는 몇 년 동안은 100권을 넘기기 힘들었다. 그래도 학교에 오가는 지하철 안에서, 아침 화장실 안에서, 줄 서서 기다리는 틈틈이 읽어댔다. 늘 분주하고 허둥댈 수밖에 없었지만 책을 손에서 놓지는 않았다. 아마도 다 읽은 책을 다이어리에 적지 않게 된 것이 그 즈음이었던 것 같다. 기록을 위해 읽는 것이 아니라 읽어야 하니 읽게 되었고, 읽고 있으니 계속 읽게 되었다. 그렇게 얼마 지나지 않아 다시 100권대로 진입했다. 책 읽을 시간은 이전보다 훨씬 많이 줄어들었지만 책 읽는 효율성이 높아진 덕분이었다. 한마디로 빨리, 잘, 휘리릭 읽어내게 된 것이다.

지금도 한 해에 100권가량은 읽는 것 같다. 직업이 공부하는 일이다 보니 꼭 읽어야 할 책도 있지만, 내가 읽고 싶어 고른 책들만 쳐도 대략 70여 권 정도는 되는 것 같아 나름 만족스럽다. 무엇보다 읽는 습관이 이젠 떼려야 뗄 수 없는 천성이 되어버렸다. '이처럼 좋은 것을 대체 왜 안 하는지 모르겠다.'는 생각이 늘 머릿속에 가득하다.

생각해보면, 그때 우리 작은 교회에서 생뚱맞은 강연 기획을 하지 않았다면, 그 목사님이 오시지 않으셨다면, 내가 몸이 아파 참석하지 못했다면, 혹시 전날 힘들어서 졸았다면, 시큰둥한 마음으로 팔짱 끼고 들었다면…. 생각만 해도 아찔하다. 아마도 난 지금처럼 행복하지 못했을 것이다. 이 좋은 책 읽기를 하지 않고 엉뚱한 것에 골몰하는 얼간이가 되었을지도 모른다. 모든 것이 다행이고 무엇과도 바꿀 수 없는 행운이었다.

정말 고맙습니다. 꾸벅.

읽기 근력을
키우는 일

책을 읽는 나를 보고 친구들은 종종 어떻게 책을 그렇게 많이 읽었느냐며 묻는다. 그때마다 난 100권 읽기에 대해 말해주었는데, 한 친구에게는 나의 이야기가 번뜩이는 아이디어가 된 듯했다. 자기 자식들에게 '100권 읽기'를 시킬 생각을 한 것이다.

그는 제 아들과 딸에게 100권 읽기를 시키고 싶어 했다. 그래서 한참 머리를 굴려 묘수를 짜냈다.

그러고는 첫째인 아들을 꾀였다.

"너 이번 학기 등록금을 우리 집 장학재단에서 지불해주기로 했다. 조건은 학기 시작 전까지 책 50권 읽기다."

권유와 강요가 교묘하게 뒤섞인 협박이었다.

전제는 있었다. 평소에 친구는 아이들에게 늘 "대학에 들어가면 법적인 성년이니 네 쓸 것 먹을 것은 네가 알아서 구해."라는 말을 했다. 그래서 사실 그 아들은 대학에 합격하자마자 고민에 빠졌었다. '아버지가 절대 한 말을 번복할 것 같지도 않고, 안 준다고 했으니 안 줄 것 같고, 자신은 돈도 없으니 학자금 대출을 받아야 하나.' 하고 있었다고 한다. 그런 아들에게 느닷없이 하늘에서 밧줄이 내려온 거였다. 아들은 그 밧줄을 대뜸 잡았다.

"콜!"

무슨 책을 읽을지는 맘대로 정하라고 했다. 다만 그 친구는 5권만 정해주겠다고 했더니, 반발했다. 하지만 돈을 가진 자의 위력(?)으로 무마시켰다.

1학기 시작 전 3월까지 친구의 아들은 정말 책을 읽기 시작했다. 그때 친구는 술수를 부렸다. 분량이 적고 술술 읽히는 책을 골라주었다. 아들은 아버지가 어마어마한 책을 읽으라고 강요할 줄 알았는데 고작 100여 쪽 되는 책을, 게다가 자신이 좋아하는 역사 관련 책을 주시다니, 하는 눈치였다.

그렇게 1학기 전에 50권을 채웠다. 친구가 골라준 책은 5권이 아니라 30권이 넘었지만 아들은 반발하기보다는 반겼다. 친구 아들은 제가 선택한 책들이 쉬울

줄 알았는데, 오히려 어렵고 빽빽한 것이 많았던 거다. 분량만 보고 폭탄을 고르는 일이 자주 생기다 보니 난감했는데 아버지가 골라주는 책들은 오히려 실패가 없었다. 가끔 어려운 책이 끼어 있기는 하나 아주 불가능한 정도는 아니었던 거다. 아들은 누에가 뽕나무 잎을 먹어치우듯 와삭와삭 읽어댔다. 시험에 나올 것도 아니고 퀴즈 문제를 풀 것도 아니며 리포트를 쓸 것도 아니니 아무런 부담이 없었다. 그냥 끝까지 읽기만 하면 그만이니 말이다.

다시 친구는 1학기를 다니고 있는 친구 아들을 살살 꾀었다.

"방학 때 한꺼번에 읽으려니 힘들지? 미리 학기 중에 읽어두는 것도 쳐줄게."

당연한 소리지만, 아들 입장에선 땡큐였다. 학교 수업에서 읽어야만 할 교재를 끝까지 읽어버리면 권수에 들어가는 것이니 얼마나 좋겠는가. 물론 학기 중에는 그리 많이 읽지는 못하고 고작 4~5권 정도였지만 큰 이득이었다.

아무튼 친구의 아들은 2학기가 들어서기 전 뜨거

운 여름에도 50권을 읽어야 했고, 그렇게 했다. 여전히 아버지는 책을 골라주었다.

그렇게 친구는 아들에게 1년에 100권을 읽혔고 그 후로도 등록금이 걸려 있는 책 읽기는 계속되었다. 자기 아들의 관심사와 수준을 잘 아는 친구는 아들의 상태에 맞춰 차츰 난이도를 높였고 적절하게 내용과 분량을 조절했다. 친구 아들은 800쪽이 넘는 책도 읽었고 상당히 복잡하고 생각할 거리가 많은 내용의 책도 재미있게 읽게 되었다.

그런데 아무리 두꺼운 책이라도 1권은 1권이기에 아들의 불만이 조금 쌓였다고 한다. "아버지, 솔직히 우리 600쪽이 넘는 책은 2권으로 칩시다. 어때요?"라고 협상을 해왔다. 아주 그른 말은 아니었다. 벽돌처럼 두꺼운 책은 두꺼운 이유가 있는데 그 책을 읽어내는 성취감도 느끼기는 해야 했기에, 친구는 아들의 제안을 받아들였다. 책을 읽게 하는 것이 목적이지 공연한 문제를 일으키는 것이 목적이 아니었으니 말이다.

결국, 친구 아들은 대학 4년 내내 책을 읽었다고 한다. 졸업 후에는 아버지가 돈으로 협박할 방법이 없어 독서를 강요하지는 못하고 있단다. 하지만 그쯤이면 읽기 근력이 생겼을 것이니 걱정할 건 없다. 곧 어수선한 취직 문제가 정리되면 다시 읽게 될 것이 분명했다. 친구의 아들이 대학교 3학년 때 이런 말을 했다고 한다.

"내가 정말 안 읽으면 등록금 안 줄 거야?"

친구는 씩 웃었고 아들도 씩 웃었단다. 사람은 바보가 아니다. 다 알고 있었다. 그건 돈을 준다 안 준다의 문제가 아니다. 책을 읽는다 안 읽는다의 문제고, 책을 읽어내는 능력을 키우는 일이야말로 돈으로는 살 수 없는 정말 귀중한 일이란 것을 두 사람은 알았다. 그러니 웃음으로 충분했다.

친구는 나에게 말했다. "어느 날 보니까 학교 리포트 같은데, 엄청 잘 썼더라고." 우연히 보게 되었는데 이전과는 아주 판이하게 수준 높은 내용이라 더욱 놀라웠다고 한다. 모든 것이 책을 읽었기 때문인 것 같다고 말했다.

친구는 요즘 엄청 행복하단다. 그건 아들과 정치, 사회, 문화, 세계 등 주제와 상관없이 되는 대로 말을 해도 잘 통하기 때문이라고 했다. 그 아들이 뭔가를 많이 알아서가 아니라 말을 알아듣고 이해하고 그에 대해 자기 견해를 제시할 수 있기 때문이다.

사실, 어떤 말을 하나 하려면 전제 조건이 너무 많다. 기초적인 상황 설명을 해야 하고 그렇게 뻔한 이야기부터 차근차근 말하다 보면 길어지기도 하고 지치기도 한다. 때론 내가 무슨 말을 하려고 했는지조차 잊어버리기도 한다. 그러나 친구는 아들과 대화를 하면 그럴 일이 없고, 그냥 동료들과 말하는 것 같은 느낌이란다. 모두 책 읽기 때문이다.

적어도 1/n이 친구와 그 아들 사이에서는 2/n가 된 것이다. 친구와 똑같은 생각을 한다는 말이 아니다. 그와 늘 다르고, 그도 경청해야 할 것이 점점 많아지고 있고, 아들이 읽은 책과 자신이 읽은 책이 나날이 달라지지만 소통이 된다는 소리다. 이 모든 것이 다 읽기 때문이다.

당연히 모든 사람이 다 꾄다고 넘어오지는 않는다. 꾀는 방식에 따라 상대가 처한 상황에 따라 다르다. 어떤 때는 잘 되기도 하고 어떤 때는 역효과가 나기도 한다. 결국 방법은 연애하듯 기미를 포착해서 그 순간 가장 적절한 것을 슬쩍 권해야 한다. 아주 시크하면서도 간절하게. 물론 그런다고 다 된다는 보장은 없다. 친구도 딸에게는 이 전략이 실패했다고 한다. "등록금 주지 마. 그냥 학교 안 다니지 뭐."라며 시큰둥하게 반응했다는 거다.

꾐에 성공했든 실패했든, 분명한 것은 "책을 읽어라."고 하는 말에는 가식이 없고 야료가 없으며 거짓이 없다는 사실이다. 그 진지함에 대해선 꾐에 넘어오든 안 넘어오든 모두가 안다. 책을 읽는다는 것, 행복한 일이란 걸 다 안다. 그래서 지금 넘어오지 않아도 그렇게 꾀는 이유를 아는 아이는 결국 책을 읽게 된다. 그 시기가 이를지 늦을지만 다를 뿐이다. 그건 책 읽기의 진지함과 행복감을 부모의 권유에서 읽어냈기 때문이다.

어떻게 읽을 것인가

④

종이책,
전자책, 소리책

"어떻게 읽을 것이냐?"를 말하기 위해서는 "어떤 방식의 책을 읽을 것이냐?"부터 생각해봐야 한다. 세상이 바뀌다 보니 그에 맞춰 책도 세 가지 방식으로 존재하게 되었다.

    종이책 / 전자책 / 소리책

우선 어떤 매체의 책을 읽을 것이냐를 결정해야 한다. 내가 편하다고, 혹은 그것밖에 없으니 그것만 읽겠다고 하면 독서의 효과는 반감될 수밖에 없다. 추운 눈보라가 몰아치는 시베리아 벌판에 가진 옷이 반팔 티셔츠뿐이라고 그걸 입고 나설 수는 없는 노릇이다. 또, 열대 밀림에 가면서 롱패딩에 장갑, 모자까지 써서는 안 된다. 뭐, 억지로 그렇게 하겠다면 굳이 안 되는 것은 아니지만 얼어 죽든지 일사병에 걸려 쓰러

지든지, 각오를 해야 한다. 그러니 우리는 이 세 종류의 책에 대해 살펴봐야 한다.

종이책은 문자가 발명된 6,000년 이래로 죽 사용되던 것이니 우리에겐 익숙하다. 종이책만이 진정한 책이라고 말하는 분들도 있다. 손으로 책장을 만질 때의 촉감이야말로 독서의 쾌감이라는 분들도 있다. 아무튼 종이책은 익숙하니 굳이 설명하지 않겠다.

전자책(e-book)은 컴퓨터 모니터나 태블릿, 휴대폰 등으로 볼 수 있는 책이다. 신문명의 혁신으로 휴대폰만 있으면 어디서든 자유롭게 책을 다운로드 혹은 저장해서 무제한 읽을 수 있다. 아무리 두꺼운 책이라도 무게는 고작 휴대폰 무게 정도이고 책장에 꽂아놓을 필요도 없다. 그야말로 보관과 읽기에 최적의 형태이다. 게다가 책을 읽다가 모르는 것이 나오면 몇 번의 터치나 클릭으로 그에 대해 상세히 검색할 수도 있고, 한꺼번에 여러 개의 책이나 자료를 동시에 화면에 띄워놓고 넘나들며 읽을 수도 있다. 이제 우리 삶에서 전자책은 떼려야 뗄 수 없는 책이 되어버렸고 앞으로도 그 사실은 변하지 않을 것이다.

소리책(audio book)은 책의 내용을 성우나 AI 등이 낭독해주는 것을 듣는 형태의 책이다. 아직은 전자책보다 낯설게 느껴지지만 미국의 경우에는 일찍부터 널리 퍼진 형태다. 장거리 트럭 운전자들에게 소리책은 그야말로 운전의 동반자. 라디오를 들으면 되지 않느냐 하겠지만, 지역과 주마다 주파수가 다르고 다른 지역에서는 서비스되지 않는 경우도 있다. 게다가 미국의 동서를 횡단하는 트럭이라면 몇 날 며칠을 가야 한다. 라디오도 지겹고 음악도 소음처럼 느껴질 때 즈음 소리책이야말로 더할 나위 없는 오아시스 같은 역할을 한다. 소리책의 최대 장점은 일하면서, 운동하면서, 어딘가로 이동하면서 들을 수 있다는 점이다. 꼭 라디오처럼 말이다.

세 종류의 책을 비교해보면 어떤 형태의 책이 내게 맞을까를 알 수 있다.

종이책과 전자책은 어쨌든 '본다'는 것에 충실한 방식이니 소리책에 비해 정적이다. 정적이라는 의미는 몸을 덜 움직인다는 것에서도 그렇고 읽는 사람의 의식과 생각에서도 차분하게 집중해야 한다는 것에서도 그렇다. 소리책보다는 더 집중해서 읽는다는 의미다.

소리책은 라디오와 유사하다. 라디오는 '틀어놓는 것'이지 온갖 에너지를 써가며 '몰입하는 것'은 아니다. 흘러가는 것이고 지나가는 것이다. 이것이 소리책의 장점이자 단점이다. 즉, 내 호흡과 내 리듬에 따라 소리책을 조절할 수 없다. 듣다가 멈출 수 있고 다시 돌아가기 기능으로 되돌릴 수도 있지만, 눈으로 휙 다시 돌아가 반복해 읽는 종이책과 전자책의 경우보다 훨씬 번잡하고 불편하다. 그래서 다시 돌아가기보다는 그냥 흘려 넘기게 된다.

무엇보다 소리책은 들리는 대목에 내 의도를 담아내서 특정할 수 없다는 근본적 단점을 지니고 있다. 성우는 일률적으로 바르게 읽어주는데 그건 평평하게 중립적으로 읽는다는 의미다. 그러나 진정한 읽기란 내 스스로 주체적으로 쓰여진 내용을 '의미화'하며 읽는 과정이다. 어떤 부분에서는 잠시 멈추기도 하고 어떤 부분은 나도 모르게 천천히 읽기도 한다. 또 어떤 구절에서는 깊은 고민과 감명을 받기도 한다. 종이

책이나 전자책이라면 그런 대목과 구절에 밑줄을 치거나 메모를 하기도 한다. 물론 나중에 그 밑줄 친 부분이나 메모를 보면 '엥? 내가 여기에 밑줄을 쳤다고? 내가 언제 이런 생각을 한 거지?' 하는 생경한 느낌이 들기도 한다. 처음 읽을 때와 다시 읽을 때의 내용에 대한 내 의미화가 달라졌기 때문이다. 밑줄을 치든 안 치든 메모를 적든 안 적든, 우리는 읽을 때 평평하게 읽지 않고 그때 그 순간의 내 생각과 감정에 따라 특정해 가면서 읽는다. 소리책은 그렇게 하기에는 좀 불편한 면이 있다. 소리책을 자주 이용하는 분들이 "들었는데 잘 기억은 안 나."라고 하는 이유가 이 때문이다.

소리책이란 매체의 특성상 뭔가 깊이를 요구하는 책을 읽을 때에는 적절치 않다. 소리책에 적절한 분야는 문학 작품 같은 경우다. 미국 트럭 운전사들이 가장 많이 듣는 소리책도 소설이다. 문학 분석을 할 생각이 아니라면, 편안하게 소설 작가가 만든 리듬을 따라 가며 흘려 들으면 되니 말이다. 물론 사람에 따라 경우에 따라 소리책을 머리에 쥐 나도록 집중해서 경청할 수도 있다. 그러나 그 정도의 노력과 힘은 종이

책이나 전자책을 읽는 데 쏟는 게 낫다. 훨씬 덜 피곤할 것이다.

전자책은 거의 종이책과 같다. 종이와 전자 장비의 차이 때문에 '거의'라고 한 것이 아니다. 사실 종이로 읽느냐 전자 장비로 읽느냐는 읽을 대상인 책의 경우 완벽히 동일하다. 형태만 조금 다를 뿐이다. 문제는 그 대상을 대하는 우리의 자세가 달라진다는 데 있다. 종이책을 대하는 마음가짐과 전자책을 대하는 마음가짐이 달라진다는 말이다. 책이 문제가 아니라 책을 대하는 우리의 문제로, 종이책과 전자책이 우리의 마음가짐을 달라지게 만들기에 '거의'라고 한 것이다.

"종이책으로 읽으면 뭔가 집중이 더 잘 되는 것 같아요."나 "전자책으로 보고 나면 좀 멍한 느낌이 있어요."라고 평가가 갈리는 이유는 그 매체인 종이냐 화면이냐의 차이 때문이 아니라, 그걸 대할 때 나도 모르게 달라져버리는 내 자세 때문이다.

우리가 전자책을 읽을 때의 '마음가짐'과 종이책을 읽을 때의 '마음가짐'이 저절로 달라진다. 전자책을 읽을 때는 좀 서두른다. 빨리 읽으려고 하지 않아도 절로 속도감이 올라간다. 동일인이 동일 내용의 글을 종이책으로 읽을 때와 전자책으로 읽을 때 각기 그렇게 변한다는 연구 결과가 끊임없이 보고되고 있다.

    진짜 문제는 전자책이 아니라 전자책을 대하는 우리의 자세다. 우리가 화면을 바라보며 하던 일, 그러니까 검색하고, 비교하고, 자료를 찾고, 여러 화면을 동시에 띄워놓고, 그들 사이를 넘나들고 하던 일들이 우리에게 영향을 미치는 것이다. 물론 모니터에 떠 있는 책을 읽으면서 검색하지도 않고 다른 화면으로 넘어가지도 않고 집중해서 읽는다고 해도 우리는 조금 들뜬 심정으로 읽게 된다는 것이다. 당연히 전자책도 종이책을 대하는 것처럼 차분하게 읽을 수 있다. 하지만 그러려면 더 많은 의도적 노력이 필요하다. 종이책을 읽을 때는 불필요한 의도적 노력 말이다. 비유하자면 수영복을 입고도 차분하게 공부할 수 있고 종교 예식에 가서 경건한 마음을 다잡고 기도할 수도 있다. 불가능한 것은 아니지만 그러려면 특별한 노력을 의도적으로 더 해야 한다. 굳이 그래야만 할 중요한 이유가 있다면 모를까. 그렇지 않다면 그냥 차분한 옷을 입고 공부하고 예식에 가면 된다. 그러면 마음가짐이 저절로 가지런히 준비되니 말이다. 전자책은 혁신이고 앞으로 절대 사라지지 않을 매체다. 하지만 종이책 역시 여전히 사라지지 않고 그 존재 이유를 지니고 영속할 것이다.

전자책을 대할 때에는 우리의 마음이 조금 가볍게 들뜨는 속도감이 생겨 전체를 훑어보거나 정보를 간취하는 텍스트에는 이로울 것이다. '훑어보기(skimming)'나 '살펴보기(scanning)'에는 전자책이 더할 나위 없이 좋다. 그리고 조금 깊은 고민과 생각에 몰입해서 읽어야 한다면 종이책이 더 좋다. 종이책의 강점은 그동안 인류가 오랫동안 사용했다는 점이다. 그래서 '책'이란 것에 대한 관념과 문화적 밈(meme)과 그에 따른 반응 양식까지 고스란히 전해져 내려와 있다. 종이책은 전자책처럼 정보 위주의 글을 읽거나 훑어보고 살펴보는 것뿐만 아니라, '폭 넓게 읽기', '집중해서 읽기', '천천히 자세히 읽기' 등 모든 방법이 가능한 매체다.

인터넷이 처음 등장하고 이메일이란 혁신을 가져

왔을 때, 조금 앞서 생각하는 사람들은 "종이의 시대는 끝났다."는 과감한 선언을 했었다. 거기에 보급형 컴퓨터 프린터가 널리 퍼지게 되면서 책은 물론 종이 자체의 소비가 급감할 거라 여겼다. 그래서 실제 청계천에서 종이 도매업을 하던 분들이 사업을 접기도 했다. 하지만 그런 선언의 충격이 채 가시기도 전에 엉뚱한 일이 벌어졌다. 이메일로 주고받은 문서를 화면에 띄워서 볼 줄 알았더니, 이상하게도 그것을 프린터로 뽑아서 보더란 거였다. 그래서 종이 도매업은 다시 살아났고, 모두가 다 알듯이 우리는 여전히 종이로 뽑아서 읽기를 좋아한다. "모니터로 보면 오류를 찾기가 어렵더라고." 하는 말은 어느 부주의한 사람만의 변명이 아니고, "종이로 출력해서 읽어야 머릿속에 들어오는 것 같아요."라는 말도 옛것을 지키려는 수구주의자의 전략적 언술이 아니다. 실제로 그렇기 때문이다. 화면으로 보는 것과 종이로 보는 것이 다르다는 것을 우리는 몸으로 알고 있다.

    인류는 전자책과 소리책이라는 새로운 책을 얻었다. 이 둘은 기존의 종이책과 함께 아마도 영원히 지속될 것이다. 필요하기 때문이다. 그건 종이책 역시 마찬가지다. 들고 다니기 무겁고 책장에 꽂아놓고 보관하기 힘겨워도 인류는 종이책을 만들고 종이책을 읽고 종이책을 전승할 것이다. 글자라는 것을 발명하고 책으로 만들어 온 인류의 숨결이 여전히 거기에 있기 때문이다. 읽을 때 우리의 마음가짐을 가지런히 만드는 그 무엇 말이다.

속독은
독서가 아니다

오래전에 '속독(速讀)'이라는 것이 꽤 유행했었다. 중고등학교 시절의 나는 엄청난 학습량을 빠른 시간에 머릿속에 넣는 목적으로써 속독이 좋은 방법이라고 생각했다. 당시 신기한 사람들이 출연하는 〈묘기 대행진〉이라는 TV 프로그램이 있었는데, 그 프로그램에 나온 속독 전문가는 그야말로 책 1권을 몇 초가 안 되어 읽어냈다. 그냥 책장을 휙휙 넘기면서 읽어내는 거였다. 그러고는 정말 그 책에 있는 내용의 요점을 간추려서 척척 말했다. 신기했고 부러웠다. '우아! 저렇게 읽으면 전교 1등도 문제없겠다.'라는 생각이 절로 들었다.

그런데 선생님들께서는 속독을 권하지 않으셨다. 참 갑갑한 분들이라고 생각했다.

〈묘기 대행진〉에 나온 속독 전문가들이 가르쳐준 속독 노하우는 이랬다. 보통 읽기는 왼쪽에서 오른쪽으로 한 줄씩 읽는데, 그러지 말고 사선으로 위쪽에서 아래쪽으로 두세 줄씩 한꺼번에 읽어 내리라는 거였다. 그렇게 몇 줄을 한꺼번에 읽는 것을 연습에 연습을 더하면 한꺼번에 왼쪽 위에서 오른쪽 아래로 쓱 읽어낼 수 있게 되고, 그러면 한꺼번에 그 책에 쓰여 있는 내용을 죄다 읽어낼 수 있다는 거였다. 그땐 컴퓨터 시대가 아니어서 설명이 어려웠지만, 요즘 말로 하면 "전자 눈으로 스캔하듯 읽어라."는 말이었다.

여전히 학교 선생님들께서는 말도 안 된다고 하셨다. 그래서는 제대로 읽어낼 수 없다고 하시면서 옳지 않은 방법이라고 하셨다. 난 여전히 선생님들이 조금 우기신다고 생각했다.

나는 연습해봤다. 생각처럼 잘 안 되었다. 연습이 부족하다고 생각해서 기를 쓰고 열심히 해보았다. 어느 정도 되는 듯했다. 나름 좋았지만 얼마 지나지 않아 그냥 속독을 포기했다. 시험을 망치기도 해서 그랬지만 대체 내가 뭘 읽었는지 모르겠고 마냥 멍했기 때문이다. 무엇보다 재미가 하나도 없었다. 글자 하나하나를 읽으면서 느꼈던 그 무엇이 죄다 사라져버렸던 것이다.

지금도 가끔 그때의 후유증인지 덤벙거리며 건너뛰듯 급히 읽을 때가 있다. 정보를 적어놓은 글일 때는 그렇게 큰 문제는 아니지만 내가 주로 공부하고 연구하는 문학 작품의 경우에는 그야말로 재앙이다. 사람을 보고서 '사람이구나.' 하는 것과 '저 사람이 미소를 짓고 있네.'를 아는 것은 그야말로 하늘과 땅 차이니 말이다.

사실 모든 글에는 그 글을 쓴 사람 고유의 리듬과 박자가 있다. 제대로 읽으려면 그 글의 리듬과 박자를 따라 읽어야 한다. 그래서 자신의 속도와 상관없이 더 천천히 읽는 책도 있고 조금 빠르게 읽는 책도 있다. 우리는 모두 다 자신의 스타일과 속도로 책을 읽지만, 책이 지닌 리듬에 내 고유의 리듬이 잘 어우러지게끔 읽는다. 책에 맞춰 자신의 스타일과 속도를 조절하는 것이다. 그렇게 우리는 다양한 스타일의 책을 모두 읽어내고 있다. 다양한 책을 접하면서 저도 모르는 사이에 자기 리듬과 박자를 더 강화하기도 하고 더 유연하게 변주하기도 한다. 그렇게 점점 넓어지는 것이다. 다양한 리듬과 빠르기의 여러 노래들을 그 노래 고유의 박자와 리듬에 맞춰 따라 부르기도 하고 듣기도 하는 것과 같은 이치다. 물론 모든 노래를 다 듣기는 들어도 더 좋아하는 장르의 노래가 있는 것처럼, 모든 책을 다 읽을 수 있다고 하더라도 우리는 자신의 리듬에 맞는 책을 더 좋아하고 더 자주 읽게 마련이다.

이렇게 개인의 리듬이 있고 또 책이 지닌 리듬이 있는데, 그것들을 모두 무시하고 단지 빨리 읽기만을 추구한다면 모든 것이 헝클어지고 엉망이 될 것이다. 산만하고 멍하고, 대체 무엇을 읽었는지도 모르게 될 것이다. 대체 그렇게 무작정 빨리 읽어서 무엇을 한다는 말인가. 소설의 줄거리만 읽고서 그 작품을 제대로 음미했다고 할 수 있겠는가!

빨리 읽는 것은 독서가 아니다. 그림 보듯 카메라로 찍듯이 읽는 것은 독서가 아니다. 진짜 독서는 그 책이 지니고 있는 리듬에 내 리듬을 공명시키는 작업이고 그 과정이 유연하고 부드럽게 이어지도록 하는 행복한 설렘이다.

**요약본 말고
한 장이라도 원본을**

오래전 스승께서 당신의 미국 유학시절 기말시험 때 있었던 일을 들려주신 적이 있다.

시험 범위인 교재가 수백 쪽에 달하는 분량이라 읽을 시간도 부족한 데다 영어를 한글처럼 줄줄 읽어내기도 힘든 상황이었다고 한다. 같은 반 미국 학생들도 사정은 비슷했다. 그때 몇몇 학생들끼리 모여 그 책을 챕터별로 나눠서 읽고 요약본을 만들어서 공유하기로 했단다. 그래서 어떻든 요약본이긴 해도 그 책 전체를 다 읽고 시험에 임했는데, 시험 결과는 엉뚱하지만 정확했다고 한다.

"다 읽진 못했어도 교재를 직접 읽고 답안을 작성했던 학생들은 9점대의 높은 점수가 나왔지만, 우리들은 6점, 7점대의 점수가 나왔거든."

그 교과를 가르치시는 미국 교수님은 아셨던 거다. 학생들의 답안을 읽어보면, 범위 전체를 다 읽지는 못했지만 그래도 어느 정도 읽어냈는지를 정확히 아셨던 것이다.

"그때 우리처럼 요약본을 읽은 애들은 다, 사실 누군가의 요약된 생각을 읽었던 거지."

그렇다. 요약본은 요약본이다. 원래의 책이 아니라 또 다른 작가의 글일 뿐이다. 비록 원전의 내용을 잘 축약하고 핵심을 짚어냈다 해도 그건 그렇게 줄이고 짚어낸 요약자의 시선이자 의견이지, 원전 작가의 시선은 아니다. 그렇게 엉뚱한 책을 읽고 시험을 준비

했으니 점수가 높을 리 있었겠는가.

뭔가를 쉽게 한두 마디로 요약해서 아는 것은 좋은 일이고 또 필요한 일이다. 하지만 한두 마디로 요약할 정도 이상의 것이 늘 원전에는 담겨 있다. 동서양 고전처럼 대단하고 분량이 긴 책들의 내용을 잘 정리해서 소개하는 책들을 '다이제스트(digest)본'이라고 하는데 그 자체로 의미 있는 좋은 책이다. 하지만《논어》를 다이제스트해서 요약한 글이 공자(孔子)의《논어》일 수는 없다. 문자 그대로 다이제스트(digest)는 소화(消化)일 뿐이다. 누군가가 자신이 이해하는 방식으로 내용을 소화시켜 그 결과로 쓴 글이다. 물론 좀 더 쉽게 어려운 고전이나 내용에 입문할 때는 요약본이 필요하다. 나보다 먼저 그 책을 읽고 이해한 분들의 생각이라는 길잡이를 따라서 가는 것이니 편안하고 쾌적하다. 그러나 내가 직접 경험하고 체험한 것은 아니다. 내가 원전을 읽고 소화시켜야 피가 되고 살이 된다.

영화 요약본만 계속 본 사람이 그 영화를 감상했다고 생각하지는 않는다. 그냥 정보를 얻었을 뿐이다.

정보를 얻는 것과 감상은 차원이 다른 문제다. 직접 처음부터 끝까지 영화를 보고 나서 얻는 감동과 여운이 진짜 내 것이 된다. 혹시 다 보지 못했다고 해도 앞의 몇 장면만 보았어도 가치 있다. 나중에 다시 찾아보지 않는다고 해도 영화를 설명한 요약본을 본 것보다는 이루 말할 수 없는 큰 의미가 있다.

독서를 한다고 하면서 축약본이나 다이제스트본만 읽는다면 입문만 계속 하는 꼴이다. 문 앞에서만 왔다갔다 하는 일이다. 그러니 뭐가 됐든 안으로 성큼성큼 들어가야 한다. 다 읽지 못해도 상관없다. 중간에 포기해도 문 앞에서만 스치듯 알짱거린 것보단 백배 낫다. 그냥 문을 열고 쑥 들어가 테이블에 앉아서 커피든 대추차든 목소리 높여 시켜라. 혹시 아는가. 아무도 모르는 기가 막힌 맛집을 찾았는지 말이다. 원전을 읽어야 하는 이유는 분명하다. 남들이 간과하고 지나간 나만의 맛집을 찾는 일이고, 나만의 맛난 음식과 음료를 맛보는 일이기 때문이다.

책을 읽는 가장 중요한 마음가짐은 짧은 책이든 긴 책이든 다 읽으려고 하지 않는 것이다. 그냥 읽는 것이 중요하다. 그렇게 읽다 보면 끝까지 읽게 될 수도 있다. 하지만 끝까지 다 읽지 않아도 괜찮다. 제목만 읽어도 그만이고 서문만 읽어도 독서다. 다 읽는다고 그 책을 다 아는 것도 아니다. 그러니 그냥 읽으시라. 읽은 것을 잊어버릴지도 모른다는 걱정은 던져버리시라. 어차피 다 기억도 못 하고 잊어버리면 필요할 때 다시 읽으면 그만이다. 그러면 또 다른 것을 발견하고 찾게 된다. 한 번 읽은 책을 또 읽고 또 읽는 이유는 읽을 때마다 다르게 읽히기 때문이다. 사골국물이 무궁무진하게 우러난다. 그 맛과 묘미는 요약한 다이제스트본이 절대로 흉내 낼 수 없는 고급스런 진짜 맛이다.

소개 글과 평점은
길잡이일 뿐이다

정보가 넘치는 사회다 보니 책에 대한 정보도 과잉이

다. 뭐든 과유불급(過猶不及)이다. 책 소개 글과 평점, 유튜브 광고 등 책에 대한 정보도 너무 많다 보니 아이러니하게도 책이 저 뒤편으로 밀려나 있는 실정이다. 출판사의 마케팅 전략도 필요하고 어느 정도 좋은 책을 알릴 필요도 분명 있다. 그런데 문제는 다이제스트본만 읽는 것처럼 소개 글만 읽고 독서를 그만두는 경우가 적지 않다는 점이고, 소개 글과 평점이 선입견으로 작용하여 정작 좋은 책을 지나치게 되는 일도 많다는 점이다.

　책을 고를 때 소개 글이나 서평, 평점 등이 도움이 되긴 하지만, 그런 남의 평가에 휘둘리면 안 된다. 다른 사람의 견해가 틀릴 수도 있고, 맞다 해도 그 책이 나에게 쓸모없는 것인지는 모르기 때문이다. 타산지석(他山之石)이란 말은 "다른 산에 있는 쓸모없는 돌멩이가 나에게는 귀중한 보배 옥이 된다."는 뜻이다. 내게 남들이 못 보는 탁월한 안목이 있어 남들이 하찮은 돌멩이인 줄로 알고 버린 것을 내가 가져다 갈고 닦아 귀한 옥(玉)을 만든다는 의미이기도 하다. 하지만 진정한 의미는 "다른 이에게는 하찮을지 모르나 내게는 더할 나위 없이 귀한 것이 된다."는 뜻이다.

    영화를 볼 때, 누군가의 리뷰나 별점 같은 것을 보고, 실제로 그 영화를 보면 왜 그런 평을 했는지 느껴지기도 한다. 하지만 그렇게까지 야박하게 비난할 영화가 아닌 경우가 대부분이고, 반대로 엄청난 명작이라고 추켜세운 영화를 보았지만 실제로 내겐 밋밋한 느낌이 들 수도 있다. 중요한 것은 내가 그 영화를 직접 보았다는 사실이다. 그렇기에 그들의 평가를 이해하기도 하고 조금 수정해야 할 것 같다는 생각도 드는 것이다. 잘못된 것에서도 배울 것이 있다. 타산지석이다.

    보통 사회과학 서적을 소개하는 글을 보면 그 책이 담고 있는 이러저러한 사상에 대해 한두 마디 전문용어로 규정하는 경우가 종종 있다. "수정주의 시각을 담고 있다."느니 "역사 발전론적 입장에서 사회를 보고 있다."는 등 책을 이해하는 데 도움을 주는 말들이 적혀 있다. 하지만 그런 말에 현혹될 필요는 없다. 내가 직접 읽으면 그만이다. 오히려 그런 말에 영향을 받아 선입견을 갖고 읽다 보면 원작자의 진정한 뜻을

곡해할 우려도 있다.

마가렛 미첼(Margaret Mitchell, 1900~1949)이 《바람과 함께 사라지다》라는 엄청난 소설을 썼는데, 그 소설을 '역사소설'이라고 부르든 '시대소설'이라고 부르든 '전쟁소설'이라고 부르든, 그렇게 규정하는 것은 필요에 따른 장르적 구분일 뿐이다. 그 규정들이 틀린 것은 아니지만 그 소설을 꼭 그렇게 볼 필요는 없다. 미첼이 그 작품을 쓸 때, "나는 시대소설을 쓸 거야."라고 의도해서 쓴 것도 아니고 비록 그렇게 의도했다 해도 꼭 그렇게 작품이 만들어지는 것도 아니기 때문이다. 미첼은 단지 자신이 보여주고 싶은 인간의 삶과 사회 속에서의 역정을 그려냈을 뿐이다. 장르적 구분과 판단은 누군가의 연구를 통해 나온 결과로 그 작품을 이해하는 길잡이로서는 고맙지만, 꼭 그 시선으로만 볼 필요는 없다. 소설만 그런 것이 아니다. 모든 책이 다 그렇다. 누군가의 설명, 논평, 평점 등은 하나의 길잡이일 뿐이다. 그것에 얽매일 필요도 없고 얽매여서도 안 된다.

본래 소개 글의 목적은 '당신이 직접 이 책을 읽어

보세요.'라는 흥미로운 유혹이다. 멋진 외국을 소개하는 여행 방송 프로그램을 보고 나면 그 나라에 직접 가보고 싶은 마음이 들게 마련인데, 그것이 소개의 목적이고 이유다. 그냥 방송으로만 외국을 보는 것과 직접 그 나라 땅을 밟아보는 것은 그야말로 하늘과 땅 차이다.

    종종 나는 다른 사람들이 죄다 졸작이라고 하는 작품에서 엄청난 명작들을 찾아냈다. '대체 왜 이렇게 훌륭한 책을 사람들이 모르지.'라고 생각한 적이 한두 번이 아니다. 그런 작품들 중에서 몇몇은 시간이 지나자 다른 사람들도 하나둘씩 좋아하게 되는 것을 보았다. 흐뭇한 일이었다. 꼭 아이돌 그룹만 역주행을 하는 것은 아니다.

어렵게 산 책일수록
꼭 읽게 된다

내가 글자를 배운 후 처음 읽은 책은 교과서였다. 그때는 책이 지금보다 무척이나 귀한 시절이었다. 출판량이 적기도 했지만 가격도 자장면 가격에 비추어 보면 만만치 않았다. 지금처럼 책값이 술값보다 현저히 싼 세상에선 이해되지 않을 수도 있지만 말이다.

교과서 말고 처음으로 읽은 책은 《춤추는 인형의 비밀》이라는 얇은 단편소설이었다. 지금도 그 책의 검은 장정과 앞면의 그림, 뒷면에 여러 얼굴들을 콜라주처럼 그려 넣은 표지가 선명히 떠오른다. 아는 사람은 다 아는, 제목만으로도 유명한 이 소설은 아서 코난도일(Arthur Conan Doyle, 1859~1930)이 쓴 셜록 홈스가 등장하는 추리소설이다. 당시 계림출판사에서 간행한 셜록 홈스 단편소설 시리즈가 있었는데, 정가가 300원이었다. 내가 그때 당시 모아놓은 돈이 딱 300원이었는데, 내 돈을 주고 처음 산 책이 바로 그 책이었다.

내 인생 처음으로 책방을 가게 된 이유는 기억나지 않지만, 아무튼 300원을 호주머니에 넣고 혼자 책방을 찾았다. 초등학교 2학년이었고 혼자였기에 문에서 더 깊숙이 들어갈 용기는 없었다. 책방 문을 열자마자 오른쪽 서가에 내 키만큼 낮은 곳에 꽂혀 있던 검은색 표지의 단편소설 시리즈에 눈이 꽂혔다. 무엇보다 정가는 딱 300원. 하늘의 계시였나! 아무튼 난 그 책들 중 하나를 꼭 사겠다고 맘먹었다.

결국 나중엔 하나씩 사서 다 갖게 되었지만, 그땐 그 휘황찬란한 제목들에 가슴이 두근거리고 대체 뭘 사야 할지 몰라 한참을 고민했다. '죽음의 상자', '보헤미안의 왕비', '얼룩무늬 끈' 등 하나같이 기가 막힌 제목이었다. 한참을 고민하다《춤추는 인형의 비밀》을 뽑아들었고 300원을 치렀다. '우아, 인형이 춤을 춘다니, 얼마나 대단한가!' 난 집에 와서 그 책을 들고 씨름을 했다.

그렇다. 난 휘리릭 읽어내지 못했다. 기억하시라. 누구든 처음부터 책을 휘리릭 읽어내는 사람은 없다. 그렇게 되는 건 나중 얘기다. 다들 처음엔 띄엄띄엄

힘겹게 읽는다. 뭔 소린지도 모르고 왜 이런지도 모르고 그냥 한 글자 한 글자 읽는다. 본래 세상 모든 일이 다 그렇지만, 책 읽기도 그렇게 시작한다.

한참을 끙끙거리며 읽었고 그날 다 읽지도 못했다. 물론 내가 초등학교 2학년이란 점도 고려해야겠고, 당시 우리나라의 교육 수준이 그리 높지 않아 나처럼 교과서가 책의 전부인 집이 대부분이란 것도 감안해야 하겠지만, 누구도 첫 책을 단번에 읽어내는 것은 쉽지 않다. 아무리 얇은 책일지라도. 중요한 건 마지막 장까지 포기하지 않고 읽어내는 것이다. 첫 책을 도중에 던져버리면 다른 책을 집기가 쉽지 않고, 다른 책을 읽다가도 쉽게 포기해버릴 수 있다. 습관이란 무서운 법이다.

내가 그 얇은 단편소설을 언제 다 읽었는지는 기억나지 않지만 끝까지 다 읽었다. 그렇게 끝까지 읽은 이유는 단순했다.

'춤추는 인형은 대체 언제 나오는 거야?'

마지막 장까지 내가 생각한 인형은 나오지 않았고 춤도 추지 않았다. 제목은 요즘 유튜브 썸네일처럼 낚

으려고 선정적으로 지은 것은 아니었다. 내 수준에서 멋대로 생각해서 오해했기 때문이다. 춤추는 인형은 사실 간략화시킨 사람 표시 같은 암호문이 연속적으로 적히지면서 그것들이 춤추는 것처럼 보인다는 의미였다.

읽는 동안 어려움은 있었다. '거실'이란 말도 처음 듣는 말이었고 '셔얼록 호움즈'라는 주인공 이름도 어려웠고 '와트슨'이란 책을 기록한 사람이 소설에 등장해 직접 말하는 형식도 생경했다. 요즘이라면 초등학생이 아니라 유치원생도 어려워할 단어가 아니지만, 나는 그때 '거실'이라는 말을 처음 들어보았다. 거실 없는 집에서 자란 내 머릿속으로는 도무지 추정도 상상도 할 수 없었다. 그래도 책을 읽었고, 다 읽은 후에 든 생각은 '재미있다!'였다.

무엇이 재미있는지는 몰랐지만 아무튼 재미있었고, 인형이 춤을 추진 않았지만 그래도 완전히 속은 느낌은 아니었다. 그래서 난 또다시 300원이 모이자마자 두 번째 책을 샀다. 《죽음의 상자》였다.

그렇게 난 책을 샀고 책을 읽었고 책을 한 곳에 보

물처럼 쌓아두었다. 날마다 꺼내서 만져보았고 다른 누군가가 가져갈까 봐 잠을 못 잔 적도 있었다. 책 제목만 봐도 기분이 좋아졌고 꺼내서 쓰다듬으면 미칠 정도로 웃음이 나왔다.

독서에 가장 중요한 것을 말하겠다. 책을 사셔라. 할 수만 있다면 정말 귀한 돈으로 책을 사시라. 귀한 돈으로 사면 살수록 그 책을 끝까지 다 읽을 가능성이 기하급수적으로 늘어난다. 그리고 그 책을 쓰다듬으며 한 곳에 잘 보관해두라. 그리고 종종, 아니 시간 날 때마다 책 이름을 훑어보며 흐뭇해하시라. 읽은 내용이 기억나지 않아도 좋다. 그런 건 하나도 중요하지 않다. 읽었으면 됐다. 그걸로 충분하다.

시는 시대로
벽돌책은 벽돌책대로

시(詩)를 좋아하는 분들은 시를 읽고 잠시 생각을 꼭

한다. 시 구절을 음미하는 것이다. 무슨 의미인지 잘 몰라도 꼭 그렇게 한다. 사실 시란 꼭 뭔가가 잡혀야만 하는 장르는 아니다. 뭔가 명확한 것이 손에 잘 안 잡히는 것이기에 시이고 그래서 좋은 것이다. 시는 짧다고 휘리릭 읽어버리면 안 읽은 것과 똑같다. 시는 읽고 적어도 잠시 동안은 눈을 감고 생각하든지 하늘을 보며 마음을 비우려고 해야 한다. 그것이 시를 읽는 맛이다.

소설(小說)은 읽는 사람이 소설 속으로 들어가야 제맛이 난다. 내가 직접 소설이 그려놓은 공간과 시간에 들어가 그 인물들과 대화하고 그 인물들을 살펴보는 느낌으로 읽어야 한다. 보통 주인공에게 내 마음을 이입하여 서사를 따라가며 읽는다. 그렇지만 꼭 주인공이 아니라 다른 등장인물에게 내 마음을 주어도 된다. 어떻든 소설은 우리가 자신을 잠시 떠나 소설 속 다른 사람이 되게 한다. 그렇게 읽어야 진짜 소설의 소설다움을 만끽할 수 있다. 가만히 앉아서 작가가 그려놓은 기가 막힌 시공간 속으로 미끄러져 들어갈 수 있는 소설의 매력은 그래서 무궁무진하다.

인문서를 비롯한 가벼운 책들은 편안하게 '이런 얘기도 있군.' 하는 마음으로 읽으면 된다. 시처럼 음미의 시간을 굳이 가질 필요도 없고 소설처럼 마음을 기울여 그 속에 들어가려 하지 않아도 읽을 수 있다. 그런데 종종 거대한 책을 만날 때가 있다. 소위 '벽돌책'이라고 하는 대략 600쪽 이상 되는 책으로 사회과학 서적 등의 경우가 종종 해당한다. '우아, 저걸 언제 다 읽어.' 하는 생각이 절로 드는 책을 어떻게 읽어야 할까?

　차라리 여러 권 시리즈로 되어 있는 책은 좀 낫다. 여러 권을 합해 놓으면 벽돌책 서너 권 분량이지만, 오히려 부담은 덜 된다. 일단은 첫 권만 읽으면 되니 말이다. 계속 이어 읽을지는 우선 첫 권을 읽고서 생각해도 된다. 박경리(朴景利, 1926~2008)의 《토지》 같은 대하소설도 그렇고 《아라비안나이트》처럼 한도 끝도 없이 이어질 것 같은 소설도 그렇다. 시오노 나나미(塩野七生, 1937~)의 《로마인 이야기》도 여러 권이지만 1권만 읽고 그만둘 수도 있고, 카이사르(Gaius Julius Caesar, BC 100~ BC 44)가 나오는 중간 권만 골라 읽을 수도 있으니, 여러 권으로 된 책들은 벽돌책보다는 부담이 덜 된다.

솔직히 말하면, 난 벽돌책을 마주하면 가슴이 뛴다. 좋아서 그렇다. 일단 읽을 것이 길고 많으면 신난다. 길고 두껍다고 꼭 그런 것은 아니지만 짧고 얇은 책보다는 뭔가 더 대단한 것이 담겨 있을 것만 같아서다. 하지만 보통은 벽돌책 앞에서 답답함을 느낀다. "굳이 저렇게 긴 책을 읽어야 해."라는 푸념이 생기기 마련이다. 필립 아리에스(Philippe Ariès, 1914~1984)의 《아동의 탄생》 같은 책을 다 읽기보다는 그냥 간략하게 요약해놓은 설명서를 읽고 싶은 충동이 생기기도 한다. 꼭 읽어야 할 과제가 아니라면 말이다.

내가 두꺼운 책을 좋아하게 된 이유는 대학교 3학년 때 벽돌책에서 보물을 찾았던 흥분의 기억이 또렷하기 때문일 수도 있다.

당시 나는 불교에 대해 공부해야겠다는 생각이 가득했다. "헬레니즘(Helenism)과 헤브라이즘(Hebraism)을 모르고서는 서양을 모르고, 유교(儒敎)와 불교(佛敎)를 모르고서는 동양을 알 수 없다."고 하신 교수님 말씀

때문이었다. 내가 국문학을 전공하니 유교와 불교를 알아야 했다. 《논어》, 《맹자》는 안 읽었어도 대충 유교는 아는 듯했다. 하지만 불교는 잘 몰랐다. 불교 신자도 아니다 보니 아예 상식도 없었다. 《삼국유사(三國遺事)》는 물론이고 조선시대까지 소설에도 불교적 이야기가 그득했다. 그걸 제대로 못 보고 있다는 생각에 좀 걱정도 되고 부아도 났다. 그래서 불교를 공부하겠다는 결심을 했고, 그러기 위해서 불교 관련 책을 읽어야겠다는 생각을 했다. 여기까지는 괜찮다. 그런데 문제는 그 방법으로 택한 것이 '불교사전부터 읽자.' 였다. 아예 기본 용어도 모르니 그것부터 익히자는 생각이었다. 지금 생각해보면 황당하고 엉뚱하다 못해 어리석은 방법이다. 입문서부터 차근차근 읽어나가야지 무슨 불교사전이란 말인가.

하지만 그때 난 나름 진지했다. 사전류는 도서관에서 대출을 해주지 않기에, 매일 강의가 비는 시간마다 사전들이 있는 도서관 4층으로 갔다. 그러고는 《불교사전》을 꺼내서 맨 처음 단어부터 죽 읽어나갔다. 당연히 한 번에 다 읽을 수 없다는 건 나도 알았다. 하지만 한 땀 한 땀 읽다 보면 어떻든 끝은 날 거였다. 도서관을 나올 때는 마지막에 읽은 단어를 메모장에 적었다. 그러지 않으면 다음 날 가서 읽은 단어를 또 읽을 수도 있어서였다. 벌써 짐작하다시피 앞서 읽은 단어의 뜻은 하나도 기억나지 않았던 것이다. 이렇게 무식하게 해서는 안 된다고 만류하는 사람은 없었다. 내가 불교를 공부한다고 사전을 읽는 것을 아는 사람은 온 우주에 한 사람도 없었으니 말이다.

미련하지만 꾸준하게 계속 읽었다. 재미가 있을 리 없었다. 지루하기 짝이 없었고 하나도 모르겠었다. 그러다 어느날 눈이 번쩍 뜨이는 단어를 만났다.

귀명[歸命] 〈범〉 Namas 나무(南無) 나모(南謨)라 음역. 경례(敬禮)·귀례(歸禮)·구아(救我)·도아(度我)·굴슬(屈膝)이라 번역. ①귀투신명(歸投身命)의 뜻. 나의 신명을 먼저 훌륭한 이에게 돌아가 의탁함. ②귀순교명(歸順教命)의 뜻. 부처님의 교명에 따름. ③환귀본명(還歸本命)의 뜻. 명근(命根)을 그 근본에 돌려보내는 것. ④일반으로 "나무아미타불" "나무대방광불화엄

경"과 같이, 부처님이나 법에 대하여 귀의·경례·신순(信順)을 표하는 말로 쓰임.

- 운허 용하,《불교사전》, 홍법원, 1971

자, 어떤가? 뭔가 대단한 것이 보이는가? 나는 뭔지도 모르고 그냥 읽고 있었는데 내가 아는 기가 막힌 단어가 나온 거였다. 바로 '구아(救我)'였다. '귀명(歸命)'이라는 단어 풀이 속에 들어 있는 '나를 구하라'는 뜻의 '구아(救我)'가 있었고, 바로 이 단어는 김만중(金萬重, 1637~1692)의 소설《구운몽(九雲夢)》에서 주인공 성진이 양소유로 환생할 때 공중에서 떨어지며 외친 소리였다.

이전까지 그 누구도 성진이 떨어지면서 "구아 구아(救我 救我)" 외친 것을 "사람 살려! 사람 살려!"라고만 알았지 그것이 불교 용어로 "나무아미타불"의 의미인 줄 몰랐다. 즉, 성진은 '사람 살려!'란 외적 외침과 동시에 '부처님께 모든 것을 귀의하겠습니다.'는 신심의 말을 외친 것이고 그것이 비명의 감탄사인 '꾸아아악'처럼 "구아구아" 했던 거란 분석을 아무도 하지 못한 것이다.

내 마음은 흥분으로 떨려 미치는 줄 알았다. 세상에…. 내가 보물을 찾은 거였다. 난 이 보물을 가지고 10여 년이 흐른 뒤 논문을 쓸 수 있었다.

이 엄청난 보물을 발견한 이후에도 《불교사전》을 매일 읽었다. 솔직히 고백하자면 뭔가 더 대단한 것이 나올지도 모른다는 생각이 가득했다. 그러나 욕심에 눈이 멀어서 그랬는지 별다른 것을 찾지는 못했다. 다만 끝까지 읽었다. 물론 불교 공부가 된 것은 아니었다. 그저 이런저런 용어가 친숙해졌다는 정도였다.

지금도 벽돌책을 좋아하는데 그건 그때처럼 보물찾기를 하겠단 생각은 아니어도 그때의 흥분이 여전히 남아 있기 때문이다. 사실 학술적 내용을 찾기 위해서 읽는 것보다 그냥 읽고 싶어 읽어나갈 때 더 뭔가가 남는다. 벽돌책을 읽고 나면 솔직히 너무 길어서 잘 기억이 나지 않는다. 나중에 핵심만 찾아보려고 메모도 하고 밑줄도 쳐놓지만 역시 전체 내용은 잘 기억나지 않는다. 그래도 뿌듯한 건 내가 그 두꺼운 책을 읽어냈다는 사실이다. 그것만으로도 충분히 벽돌책을 읽을 가치가 있다. 해냈다는 마음과 감정의 벅찬 기분이면 충분하다. 그것이 사실 어떤 책이든 그 책을 읽는 이유의 본질이기도 하다.

책을 읽지 못하게 만드는 마음은 사실 이런 거다. '대체 이게 무슨 의미가 있지?'라는 바이러스가 머릿속에 침투하면 그냥 끝이다. 답이 안 나온다. 벽돌책은 고사하고 아무리 얇은 책이라 해도 손에 들 수 없다. 보아도 눈에 들어오지 않는다. 시험에 나올 것도 아니고 당장 먹고사는 데 도움이 되는 것도 아니고, 주식 그래프를 우상향으로 끌어올릴 내용을 담은 것도 아니니 말이다. 그래서 책을 읽지 못한다. 벽돌책은 말할 것도 없다. '그딴 게 무슨 소용이 있어.'라는 찌푸린 마음이 공연히 마음을 분주하게 할지도 모른다. 그러면서 스마트폰을 들고 시간을 보낸다. 아니면 무료하게 인터넷을 서핑하면서. 물론 그러면서도 안다. 남의 SNS를 휙휙 넘기는 것도, 목적 없이 인터넷 서핑을 하는 것도 사실은 아무 의미가 없다는 것을.

굳이 SNS·인터넷 서핑보다 책 읽기가 더 가치 있다는 진실은 강조해서 말하지 않겠다. 싫은 것을 억지로 하라고 할 필요도 없고 못 이겨서 하는 것치고 재미있게 끝나는 일도 없으니 말이다. 다만 한 가지만 생각해보자. 밥을 먹는 것은 의미가 있어 먹는 것인가? 물론 의미를 부여하고 먹을 때도 있지만 우린 대부분 그냥 먹는다. 왜냐하면 그냥 밥을 먹어야 하니까. '안 먹으면 죽으니까.'처럼 세련된 이유는 나중에 붙이는 것이고, 사실 우리는 그냥 밥을 먹고 그냥 아침에 일어나면 학교나 직장에 간다. 공부하고 일을 한다. 그것이 무척이나 새롭고 의미 있을 때도 있지만 그렇지 않을 때가 더 많다. 그래도 우리는 밥 먹고 학교 가고 회사 가고 일을 하고 저녁에 돌아온다. 그것이 삶이다.

자신이 하는 일에 의미를 부여하는 것은 참 중요하지만, 우리는 늘 날을 곤두세우면서 모든 것에 의미를 부여하며 살지는 못한다. 대부분은 잘 모르지만 '그냥 하는 것'이다. 공연히 '나만 그렇게 바보처럼 그냥 사는 것 아닐까?'라는 노파심은 접어두시라. 다들 신나게 살고 다들 멋지게 살고 다들 기가 막히게 성공과 성취의 환호를 맛보며 사는 것 같지만, 아니다. 다들 나처럼, 당신처럼 그냥 그렇게 산다. 〈미션 임파서블〉의 톰 크루즈도 평소에는 우리처럼 지낸다. 정말이다. 한번 만나면 물어보시라.

그냥 읽으시라. 책은 그냥 읽는 거다. 얇은 책이든 벽돌책이든 눈앞에 보이니 '한번 읽어볼까.'라는 마음으로 손에 드는 것이다. 대단할 것도 없고 급할 것도 없다. 아직 출판되지 않은 미래에 나올 엄청난 책들까지 다 읽은 후 죽을 수는 없으니 그냥 앞에 있는 것을 읽으면 그만이다.

벽돌책을 읽으려면 급한 마음을 버리고 한 땀 한 땀 읽으시라. 앞에서 읽은 내용이 대부분 기억나지 않을 것이다. 그럼 그냥 지금 읽는 대목에만 집중하시라. 그러다 보면 거기서 기가 막힌 보물의 맛을 느끼게 된다. 어제까지 어디를 읽었는지 기억나지 않고 뭘 느꼈는지도 떠오르지 않지만, 그게 정상이란 생각을 가지고 그냥 읽으면 된다. 어차피 마지막 장을 덮는 끝이 오고야 만다.

진짜 보물은 그 두꺼운 책에 내가 도전했다는 것이고 그 엄청난 걸 다 읽어냈다는 사실이다. 내가 어쩌다 '귀명(歸命)' 풀이를 만나는 행운을 얻었지만 그보다 더 큰 보물은 그 두꺼운 《불교사전》을 다 읽어냈다는 뿌듯한 마음이다. 지금도 그러한 경험 때문에 난 벽돌책을 무지무지 사랑한다. 언제 읽을지는 모르지만 보이면 일단 사서 책장에 꽂아놓는다. 그러고는 때때로 제목을 노려보며 생각한다. '기다려라. 곧 읽어주마.'

힘 빼고
그냥 읽기

야구 경기를 시청하다 보면, 제구력이 난조를 보이는 투수를 향해 중계하는 해설위원이 안타깝다며 조언의 말을 한다.

"어깨에 힘을 빼고 던져야 하는데요, 참 안타깝네요."

엥? 힘을 빼고? 맹랑한 소리라 생각했다. 아니 힘

을 빼면 공이 날아가기는 하나?

곤경에 처한 투수를 격려할 생각인지 감독이 마운드에 올라간다. 투수의 어깨를 두드리며 뭐라고 말한다. 해설자는 "힘을 빼라고 하는 겁니다."라는 말을 다시 한다.

어떻든 감독의 격려에 투수가 고개를 끄덕인다. 그리고 다음 타자에게 던지는 투수의 공이 이상하리만치 제대로 쑥쑥 들어간다. 속도도 빨라지고 제구력도 좋아진다. 스트라이크 존을 꽉 차게 들어가며 타자를 삼진으로 처리한다.

경기가 끝나고 감독 인터뷰를 할 때 알게 되었지만, 해설자의 말처럼 투수에게 감독은 힘을 빼고 던지라고 지시했다는 거다.

따지고 보면 말도 안 되는 소리지만 결과는 기가 막혔다. 감독은 알쏭달쏭한 소리를 잘도 했고 투수는 그 알쏭달쏭한 말을 잘도 알아들은 거다.

사실 정말로 힘을 다 빼면 공이 날아갈 리 없다. 힘을 빼란 말은 군더더기 힘을 빼란 소리다. 공연히 잘 던지려는 마음 때문에 엉겨 붙은 힘, 경기 상황에 몰려 정신 차리지 못해서 저도 모르게 경직된 어깨의 힘, 그걸 빼란 소리다. 잘하려다 보면 그렇게 되고 주눅이 들어도 그렇게 된다.

야구만 그런 게 아니라 세상 모든 일이 다 그렇다. 힘을 빼는 것만 알면 모든 일이 다 순리대로 풀리는 법이다.

수영도 그렇다. 헤엄을 치기 위해서는 우선 물에 떠야 한다. 가장 먼저 수영 강사에게 듣는 말이 "몸에 힘을 빼세요."다. 누구든 몸무게가 있으니 그걸 없애서 제로로 만들라는 소리가 아니다. 어깨와 온몸이 경직되게 악다구니를 쓰듯 몰려드는 군더더기 힘을 빼란 소리다. "그래야 물에 뜨지요." 거듭 반복해서 힘을 빼란다. 맞다. 그래야 물에 뜬다. 물에 떠야 팔도 젓고 다리도 차면서 뭐라도 해볼 수 있다. 잠수함처럼 물 아래로 푹 가라앉아서는 아무것도 안 된다.

하지만 말처럼 쉽지 않다. 몸에 힘을 뺀다는 건 말이나 생각처럼 잘 되지 않는다. 그렇다고 불가능한 것도 아니다. 불가능하다면 그 누구도 수영을 하지 못했을 테니 말이다.

신기한 것은 일단 몸에 힘을 빼는 것을 '익히고 나면' 그다음부터는 모든 게 하나씩 저절로 된다. 물에 텀벙 들어가도 몸이 알아서 쑥 물 위로 뜨게 해준다. 힘을 빼려고 하지 않아도 신기하게도 그 순간 힘이 빠지며 제대로 갖춰진다.

야구나 수영만 그런 게 아니라 골프도 마찬가지라고 한다. 골프채로 치는 것을 배운 후에는 힘을 빼는 것만 몇 년을 연습해야 한단다. 다른 운동도 들어보니 다 그렇단다. 우선 힘을 빼야 모든 게 제대로 되고 다치지도 않는 법이다.

읽기도 그렇다.

무엇보다 읽기는 힘을 빼고 읽어야 한다. 각 잡고 읽으려 해서는 안 된다. 주변을 다 정리하고, 청소도 하고, 독서대도 세우고, 의자 높이도 조정하고, 뭐 이런 일련의 의식을 다 치르고 나서 책을 읽으려고 하면 안 된다. 만반의 준비를 하고 읽는 것이 잘못이 아니라 그런 것을 하지 않으면 독서를 시작하지도 못하는 습관이 문제다.

그냥 읽으면 된다. 아무 때나 아무 곳에서나 아무

렇게나 아무 생각 없이 그냥 힘 빼고 읽으면 된다. '이 걸 어디에 써.'라는 상념 같은 건 그야말로 쓰레기통 에 던져버리시고 제발 그냥 힘 빼고 읽으시라.

프랑스풍의 맛있는 빵을 만드는 것이 소원인 사람 은 그냥 프랑스로 훌쩍 날아가면 된다. 가서 빵을 먹 어보고 그 빵을 만드는 곳에 취직해서 배우기 시작하 면 된다. '어? 프랑스 말을 하나도 못하는데?', '그래도 어느 정도 제빵 기술을 익히고 가야 하지 않나?' 같은 생각을 가지고는 죽을 때까지 프랑스풍 빵을 만들 수 없다. 빵을 만드는 것이 목적이지, 프랑스어를 배우고 프랑스 문화를 이해하고 제과·제빵 자격증을 따는 것이 목적이 아니지 않은가. 제발 힘을 빼시라.

우리는 너무 많이 준비하고 계획하고 고민하고 대 처하려고 한다. 그렇게 모든 에너지를 다 써버린다. 그 리고 정작 진짜로 해야 할 것 앞에서는 맥이 풀려 제 대로 대처하지도 못한다. 손가락 하나 까딱하기도 싫 어지는 거다. 힘을 엉뚱한데 잔뜩 주고 나니 몸이 잠 수함처럼 가라앉아 수영장 바닥을 향해 가는 것처럼.

가볍게 몸에 힘을 빼고, 눈을 부릅뜨지도 말고, 뭔

가 대단한 준비나 분위기를 잡으려 하지 말고, 따스하고 산뜻하고 밝은 분위기의 카페가 아니면 글자가 안 들어온다는 소리는 제발 그만하고, 그냥 읽으시라.

  책이 있지 않은가. 그냥 읽으시라.

  독서? 그건 하나도 어려운 일이 아니다.

머리가 맑아지는 습관

매일 읽어야
습관이 된다

습관은 무섭다. 일단 몸에 익으면 자신도 모르는 사이에 하게 된다. 생각지도 않게 몸에 밴 행동을 하고 있는 자신을 발견하면 화들짝 놀랄 수도 있다. 습관이란 그런 거다. 그래서 좋은 습관을 들여야 한다고 성현들이 누누이 말씀하셨다.

독서는 습관이어야 한다. 습관적으로 스마트폰을 보고 인터넷을 검색하는 것보다 훨씬 나은 습관이다. 독서가 습관이신 분들은 대번 아실 거다. 들이면 들일수록 머리가 맑아지는 습관이 바로 독서란 것을.

습관이 들도록 하려면 잊지 말아야 할 원칙은 '매일'이다. 어느 정도 분량을 읽든, 정해진 몇 분을 읽든, 매일매일 읽어야 한다. 몰아서 해서는 소용없다. 바이올린이나 피아노, 기타 같은 악기 연주를 하는 것과 같다. 몰아서 한꺼번에 연습한다고 실력이 늘지 않는다. 힘만 더 든다. 하기 싫어도 매일 꾸준히 하다 보면 실력이 는다.

독서에 습관이 들도록 하려면 처음엔 시간을 정해놓고 하는 것이 좋다. 일정한 양을 읽는 것을 목표로 정해도 되지만, 때론 그 분량을 채우기가 지겹거나 버거워질 때도 있다. 그래서 하루에 10분 정도 일정한 시간을 채우는 연습을 반복하는 것이 좋다.

하루 중 읽는 시간도 일정하면 좋다. 아침에 일어나자마자 읽든지, 점심 먹고 읽든지, 잠자기 전 10분을 읽든지, 가급적 처음엔 하루 중 일정한 때를 정하는 게 낫다. 그러다 보면 저절로 책을 읽는 장소도 대략 정해진다. 아침이면 화장실 안일 수도 있고, 점심 즈음이면 카페일 수도 있다. 저녁이면 누워 뒹굴거리는 침대일 수도 있다. 어떻든 처음 습관을 들이기에는 시간과 장소를 정해놓는 것이 효과적이다.

따지고 보면 읽는 자세도 중요하다. 꼿꼿이 앉아서 읽는 것이 집중에 좋다면 꼭 그렇게 하시라. 아니면 누워서 읽는 것이 좋으면 그렇게 해도 된다. 하지만 이는 처음 습관이 들게 하는 방법일 뿐이지, 이렇게 꼭 정해서 해야 한다는 규칙에 얽매일 필요는 없다. 개인 사정과 여건에 따라 유연하게 하면 된다. 중요한 것은 '매일'이다.

    내게 가장 좋은 시간과 장소는 지하철이었다. 왕복 2시간 이상이 걸리는 출퇴근 시간은 상당히 긴 시간이다. 타고 내리고 갈아타는 곳이 정해져 있는 무료한 시간이다. 그래서 대학을 다닐 때부터 지금까지 늘 지하철에서는 책을 읽었다. 지루함이 단번에 날아가는 신나는 시간이었다. 서서도 읽고 자리가 나면 앉아서도 읽었다. 때때로 2시간 이상 지하철을 타야 할 일이 생기면 오히려 기뻤다. 일단 기차에만 올라타면 나만의 방처럼 되니 말이다. 지방까지 가야 하는 기차 안이나 외국에 가는 비행기 안도 책을 읽기에 최적의 공간이다. 전화도 오지 않고 내게 말을 거는 사람도 없다. 그야말로 온전히 내가 읽는 글에만 집중할 수 있는 끝내주는 시간과 공간이다.

    화장실에서 책을 읽는 것도 습관이지만, 좋은 방법이라고 하긴 좀 그렇다. 냄새가 나서가 아니라 변비가 생길 수도 있고 공중화장실이라면 다른 사람들에게 민폐가 되기도 한다. 내가 아는 어떤 분은 지하철에서 읽을 책, 집 화장실에서 읽을 책, 줄 서서 기다리며 읽을 책을 따로 가지고 다니기도 한다. 각기 그 장소에 맞는 속도와 내용에 따라 책을 구분해서 읽는데, 그 맛이 각각 끝내준단다. 이를테면 화장실에서는 《논어》, 《맹자》 같은 사색이 필요한 책을 읽고, 지하철에서는 소설, 줄 서서 기다릴 때는 인문서를 읽는 식이란다. 나는 한번 잡은 책은 화장실이든 지하철이든 누굴 기다리면서든 계속 다 읽어 끝장 보는 스타일이라 그게 좀 부러웠다. 개인의 취향이니 옳고 그름은 없다. 어떻든 습관만 들이면 된다.

습관을 들일 때 중요한 것은 '몸에 기억과 흐름이 남을 정도까지 지속되어야' 한다. 어쩌다 하루 독서를 빼먹을 수는 있지만 그런 일이 너무 빨리 일어나면 곤란하다. 포기하게 되든지 아니면 습관이 잘못 들어 들쭉날쭉해질 수 있다. 그러니 처음에는 새 차를 사면 액셀러레이터를 살짝 밟으며 길을 잘 들이듯이 독서 습관도 그렇게 길들여야 한다.

종종 독서의 고수들도 흔들릴 때가 있다. 독서를 전혀 하지 못하게 되는 그런 때는 자신이 처음 독서의 습관을 들이던 그때를 떠올리고, 그 패턴과 그 방식대로 다시 들이면 어느새 제 컨디션을 회복하게 된다. 초심자처럼 처음 마음으로 돌아가 똑바로 앉아 호흡을 가다듬고 편안히 읽는다. 그러면 저절로 독서의 기쁨이 되살아나며 하나씩 하나씩 번잡한 것들이 정리된다. 모든 것이 편안해진다. 독서는 참 좋은 습관이기 때문이다.

**밑줄도 치고
메모도 하고**

책을 집중해서 읽기 좋은 독서 습관 중 하나는 밑줄 치며 읽는 것이다.

중학교 때 같은 반의 한 친구는 교과서의 모든 글자 밑에 연필로 죽죽 줄을 그으며 읽었다.

"야! 그렇게 다 줄 치면, 안 친 거하고 똑같잖아?"

두꺼운 안경을 쓴 녀석은 겸연쩍은 듯 웃었지만

그 습관을 못 버렸다. 그렇게 줄 치며 읽어야 잘 외워진다는 거였다. 아무튼 그 친구의 모든 교과서에는 짙은 연필심이 훑고 지나간 흔적이 가득했고, 그 때문인지 성적이 늘 상위권이었다.

옛날 그 친구처럼 모든 글에 밑줄을 치며 읽을 수도 있지만, 대부분은 밑줄을 필요한 곳이나 중요한 구절에 긋는다. 어떤 분들은 손때도 묻지 않을 정도로 책을 깨끗하게 읽으며 애지중지한다. 그러니 책에 생채기를 내는 밑줄 따위는 얼씬도 못한다. 자신에게 익숙한 방법이 가장 좋은 방법이다. 그럼에도 밑줄을 치며 읽는 것은 처음 읽기에 맛을 들이고 독서 습관을 길러주는 데에는 정말 좋은 방법이다.

우리가 책을 읽는 이유를 굳이 나눠보면 두 가지다. 하나는 뭔가를 알고 이해하고 습득하기 위해서 읽는 것이고, 또 다른 하나는 거리를 두고 대화하기 위해 읽는 것이다.

우선 정보를 습득하고 내용을 이해하기 위해서는 마음을 열고 적혀 있는 대로 받아들이듯 읽어야 한다. 보통 이렇게 읽으면 '내 주체성이나 내 견해가 망가지는 것 아닐까?'라는 의구심이 들 수도 있다. 상한 음식을 먹으면 탈이 나듯 좋고 나쁨을 구분하면서 읽어야 하는 것이 옳지 않을까 하는 마음이다. 그러나 걱정할 필요 없다. 음식을 잘못 먹으면 탈도 나고 식중독으로 고생하기도 하지만, 책을 읽는 것은 비록 '내게 맞지 않는 글'이라 해도 탈이 나지 않는다. 계속해서 그 잘못된 글만 고집해서 반복하여 읽지만 않는다면 말이다. 여러 개의 다른 책들을 계속 읽기에 문제없다. 저절로 옳지 않은 것들은 잊혀 사라지고 내게 맞는 적절하고 옳은 것들만 남게 된다. 음식은 열 가지 반찬 중 하나만 상했어도 탈이 나지만, 책은 그렇지 않다. 우리 몸이 세균과 바이러스에 취약할지 모르지만 우리 마음은 옳지 않은 것들에 대해 훨씬 더 강한 면역력과 힘을 지니고 있기 때문이다. 걱정할 필요 없다.

오히려 어떻게 생긴 것인지도 모를 선입견을 가지고 모든 것을 재단하듯 읽는 태도가 문제다. 앞서 말한 스탈린이 그렇게 읽었기에 끔찍한 독재자가 되어 참혹한 짓을 버젓이 저질렀던 것이다. 글을 읽을 때 가장 먼저 가져야 할 자세는 마음을 열고 '대체 무슨 이야기를 하려는 걸까?' 하는 호기심으로 읽는 것이다. 이렇게 뭔가를 알고 이해하고 받아들이기 위한 독서에서 좋은 방법은 밑줄 치며 읽는 것이다. 중요한 부분이든 의미 있는 부분이든 내 마음에 와 닿는 글에 산뜻하게 줄을 치는 것이다.

다음으로 대화를 하며 읽는다는 것은 글과 내 생각을 견주어 가면서 읽는 방법을 말한다. 중요한 것은 '대화'라는 점이다. 대화는 비난이나 매도가 아니다. 힐난과 질책을 하는 것은 훈계이지 대화라고 하기 어렵다. 대화는 남의 말을 들어주는 것에서부터 시작한다. 나와 다른 생각이라도 들어주고 거기에 내 생각을 덧붙여 제시하며 그렇게 계속 주고받으며 말하는 것이 대화다.

'대화적 읽기'란 글을 쓴 작가와 내가 이야기를 주고받듯이 읽어나가는 방법이다. 그렇게 사색하고 고민하며 읽어낸다. 한 구절을 두고도 한참 동안 생각해 볼 수도 있다. 책을 쓴 작가와 읽는 독자인 내가 서로 말을 주고받듯 하기에, 내 생각을 책의 빈 공간이나 모서리에 적어놓기도 한다. '내 생각은 이런데….' 하는 마음이다. 이런 방식으로 책을 읽을 때는 메모하며 읽는다면 더 친근하게 몰입해서 읽을 수 있다.

굳이 읽기의 양상을 둘로 나눠 설명했지만 두 방법은 사실 비슷한 방법이다. 밑줄을 치고 메모도 하며 책을 읽었는데, 후일 내가 줄 쳐놓은 밑줄을 보고 '응? 대체 왜 저기에 쳤지?'라고 의아해할 수도 있고, 메모를 보고는 '내 글씨는 맞는데, 내가 저런 말을 써 놓았다고?'라며 갸웃거릴 수도 있다. 아마도 독서를 많이 하신 분들이라면 이런 경험이 한두 번은 있을 것이다.

어떻든 상관없다. 내가 엉뚱한 곳에 밑줄을 치고 말도 안 되는 소리를 메모해 놓았다고 해서 글을 잘못 읽은 것은 아니다. 그때는 그렇게 이해했던 것뿐이다. 나중에 봤더니 엉뚱해 보인다면 그야말로 좋은 일이다. 그만큼 내가 성장했다는 의미이기도 하다. 물론 꾸준히 책의 내용을 이해하고 받아들이려고 하면서 진지한 대화를 지속했기에 그만큼 성장했다는 뜻이다.

매일 단편소설
한 편씩 읽기

언젠가 내가 '중고등학교 논술 지도자 과정' 강좌에 초빙되어 1시간 강의를 한 적이 있다. 학원 선생님들보다 중고등학교 자식을 둔 학부모님들이 대부분이셨는데, 그중 한 분이 강의 후 질문을 하셨다.

"어떻게 하면 논술 실력을 키울 수 있을까요? 신문 사설을 읽게 할까요?"

그분은 이미 답을 정하셨고 나름 약간의 권위자라고 할 수 있는 내게 그 의도를 추인받고 싶어하셨다. 내가 그리 잘나지도 못했고 늘 정의의 편인 것도 아니지만 정말 아닌 것을 그렇다고 할 수는 없었다.

"신문 사설은 생각보다 많은 것을 알아야 이해할 수 있어요. 그러니 자제분에게 매일 하루에 한 편씩 단편소설을 읽으라고 하세요."

"네?"

그때 그분의 표정을 봤어야 했다. 너무 황당하고

뜬금없다는 표정이셨는데 그 이유는 이어지는 다음 말에 담겨 있었다.

"고작 소설을 읽는다고 논술 실력이 커져요?"

난 '아차' 싶었지만 있는 그대로 말씀드렸다. 소설을 이해한다는 것은 상당히 높은 수준의 독해력이 필요하고, 단편소설의 경우에는 상대적으로 집약적이어서 더 깊은 주의력과 집중력이 필요하다고 말했지만, 소용없었다. '아차' 할 수밖에 없었던 것은 애초부터 '신문 사설'처럼 뭔가 수준 높고 고상한 논리로 쓰여진 것을 읽어야 한다는 선입견이 가득한 분께 너무 원색적인 진실을 말했기 때문이다. 고작 소설 따위를 읽어야 한다고 말이다.

난 지금도 내 말이 옳다고 생각한다. 논술이든 뭐든 논리를 키우려면 소설을 읽어야 한다. 게다가 작품마다 주인공도 상황도 사건도 제각각인 단편소설을 매일매일 읽는 것이 얼마나 어려운 일인지 해보면 안다. 차라리 장편소설을 주르륵 읽는 것이 훨씬 더 쉽다는 것을 해보지 않았으니 모른다.

결국 그분은 알았다고 고개를 끄덕이고 가셨지만,

절대로 자제분에게 소설을 읽히시지 않을 것을 난 알았다.

　오래전 어느 신문에서 아주 중요한 기사를 봤다. 전국 대학 도서관의 도서 대출 통계를 바탕으로 쓴 기사였는데, 서울 소재 모 대학의 경우, '한 해 동안 대출해 간 도서 중에 다른 류의 책들에 비해 소설이 현저하게 낮았다.'는 것과 그런 비정상적인 편차는 다른 대학의 경우에 비춰 봤을 때도 크게 이례적이라는 분석 기사였다. "소설을 읽지 않는 ○○대학 학생들의 앞날이 우려스럽다."는 논평을 했는데, 난 지금도 그 말을 온몸으로 지지한다.

　소설을 읽지 않는, 소설 같은 것은 하등에 쓸모없다고 생각하는 사람들이 우리 사회에 많아지는 것이 퍽 우려스럽다. 다른 이를 공감하지 못하고 스스로를 돌아보지도 못하는 기계 같은 인간들이 머리에 잔뜩 날 선 공방들만 가득 채우고서 사회에 쏟아져 나올 것을 생각하면 정신이 아찔하다. 그들의 앞날은 깜깜 그 자체일 것이다. 우리 사회의 미래도 그리 밝아 보이지 않는다.

소설만이 책이 아니다. 소설보다 가치 있는 책도 많다. 하지만 소설처럼 쉽게 시작해서 무겁고 진중하게 끝나는 책을 나는 아직까지 본 적이 없다.

철학서나 경전은 무겁게 시작해서 무겁게 끝난다. 그래서 쉽사리 읽겠다고 다가가기도 어렵고 쉽게 읽히지도 않는다. 그런 책들의 정반대에는 가볍게 시작해서 끝도 가볍게 끝나는 책들이 있다. 그 역시 좋은 책이지만 사람들은 가벼운 것을 원하면서도 이율배반적이게도 가벼운 것이 불만이다. 블록버스터 영화를 편하게 보면서도 "뭐, 이리 시시해."라든가 "작품성이 떨어지는구만." 하는 투덜거림이 그것이다. 뭔가 깊이와 의미를 추구하는 것이 우리 인간의 본성인지도 모르겠다. 무거우면서도 가벼운 그 무엇을 우리들은 바라는 것이다.

바로 소설이 그렇다. 소설은 시작은 가볍지만 끝은 늘 무겁다. 보기에 따라 가볍게 시작해서 가볍게 끝나는 것 같지만 그 뒷맛은 결코 가볍지 않다. 둔중한 깊이의 무거움이 뒤미처 달려드는 것이 소설이다.

책 읽기에 습관을 들이고자 한다면, 오래전 내가

한 학부모님께 했던 말을 잊지 마시라.

"매일 하루 한 편씩 단편소설을 읽으시라."

논술 실력? 물론이다. 그것 말고도 많은 것들을 이루게 되리라.

안 믿긴다고? 그럼 한 번 계산해보시라.

1년은 365일이니, 적어도 1년에 300편 이상은 읽게 된다. 3년이면 1,000편 가량 될 거다. 자 이제 솔직히 물어보겠다. 우리나라에서 단편소설을 1,000편 이상 읽은 사람이 몇 명 될 것 같은가? 한번 생각해보시라.

시작은 별것 아닌 것 같지만 그 끝은 그야말로 창대하게 되는 것이 책 읽기다. 그 이익은 이루 말할 수도 없다.

지금 당장 시작하시라.

책 읽고 자랑한다면
당신은 진짜다

맛난 음식을 먹으면 그 요리를 자랑하고 싶어진다. 멋진 곳에 가서 기가 막힌 풍광을 봐도 그렇다. 자랑하는 이유는 '내가 이렇게 멋진 것을 해봤어.'도 있지만, 궁극적으로는 '당신도 한번 먹어봐. 이런 경치도 꼭 보고. 정말 끝내준다니까.' 하는 마음이다.

책 읽기가 꾸준히 지속되기 위해서 가장 좋은 방법은 읽은 책을 주변에 권유하는 것이다. 그들이 읽지 않아도 상관없다. 중요한 것은 내가 읽었다는 것을 알리는 일이다. 좋은 영화를 본 후에 그 영화를 보라고 권유하는 것처럼 자연스럽고 가벼워야 한다. 그렇게 권유하는 마음에는 어떤 가식이나 불온한 의도는 없다. 내가 경험하고 느꼈던 기쁨을, 어마어마한 글을 읽었을 때의 행복감을 남들도 느꼈으면 하는 아름다운 마음이다.

유튜브나 SNS는 능수능란한 호객꾼이다. 기가 막

히게 권유하고 끌어들인다. 그래서 클릭해서 찾아 들어간다. 그들이 유혹한 대로 뭔가 있기는 있다. 그런데 그 호객이 맞다 해도 뭔가 끌려가 당한 느낌이다. 뒷맛이 찜찜하게 남는다. 그래서 종종 확인하고 싶어진다. SNS 명당에 실제로 가보니 별것 없거나 사진만 예쁘지 나머지는 꽝인 경우도 꽤 있고, 줄 서서 먹는 맛집이라 해서 가보니 평범한 경우도 있다. 그들의 능수능란한 호객 행위에 비하면 좀 부실하고 허황되다. 하지만 책은 그냥 '보려면 봐.' 하는 식의 배짱이다. '싫으면 그냥 가고.' 하는 마음으로 그냥 앞에 턱 내놓고 만다. 품질로 승부하겠다는 장사꾼이다.

내가 읽은 책을 권유하는 것은 이런 배짱 어린 진지한 권유다. 중요한 건 '내가 읽은'이다. 그것은 다른 사람들의 소개와는 달리 '나는 이렇게 생각하고 느꼈다.'는 것이 포함된 친근한 안내다. 동일한 유적지를 찾아가도 어떤 가이드였는지, 그 가이드가 어떻게 잘 설명해주었는지에 따라 감동이 전혀 다르다. 혼자만 좋고 혼자만 알고 싶은 책은 이 세상에 없고, 나만 읽고 나만 가지고 싶어 하는 독서가도 세상엔 없다.

책을 읽으면 주변에 권해야 한다. 그것이 너무 자연스러운 일이기 때문이다. 열심히 권하시라. 주변의 그들이 언젠가는 읽을지도 모른다. 비록 그들이 읽지 않아도 당신은 계속 읽게 될 것이다. 좋은 맛집을 계속 찾고, 멋진 경치가 있는 장소를 열심히 찾아가는 것처럼 당신의 행복한 책 읽기는 멈추지 않을 것이다. 분명히 그렇다.

나가며
책과 함께 행복한 삶

원고를 마감하며 독자 여러분이 꼭 읽었으면 하는 도서들을 조금 추려보았다. 일명, '최소한의 생존 독서 목록'이다. 사실, '생존'도 맘에 걸렸지만 '최소한'이 더 걸렸다. 어마어마하게 쌓인 책들 중에서 정말 꼭 필요한 것들을 뽑아야 한다고? 그것도 나처럼 좁다란 시야를 가진 사람이?

머리가 꽉 조이는 느낌이었다. 결국 정했다.

세상에 중요한 것이 한둘이 아니고, 사람마다 생각하는 바도 천차만별일 텐데, 내 멋대로 이 세상에서 가장 중요한 '최소한의 생존 독서 목록'이라는 명칭을 달아주는 만용을 버젓이 저질렀다. 크하하하.

내 무모함에 대하여 조금이나마 변명 한마디 해야겠다. 난 책 중에 문학을 가장 사랑한다. 문학이야말로 가장 위대한 인류의 유산이라고 생각한다. 문학 작품 속에는 모든 것이 다 들어 있다. 인간, 자연, 나, 너, 우리, 사회, 문화, 정치, 경제 심지어 꿈과 환상까지 몽땅 다. 그러니 제발 시를 읊고 소설을 읽으시라. 부탁이다.

그런데 나는 이 '최소한의 생존 독서 목록'에 소설이나 시를 하나도 넣지 않았다. 넣는다면 동서고금 유수의 작품을 비롯해서 뭐 하나 빼놓을 수 없기에 '최소한'이 '최대한'이 될 것 같아 어쩔 수 없었기도 하지만, 소설이나 시는 당장 손에 잡히는 주사약 같은 처방이 아니라 근본을 바꾸고 변화시키는 보약 같은 것이기 때문이다. 그렇다. 난 지금 변명을 하는 중이다.

내가 가장 좋아하는 문학을 죄다 뺐으니, 혹시 독자 분들께서는 "뭐야, 왜 그 책은 없는 거야!" 같은 말씀은 제발 안 해주셨으면 한다. 그야말로 한 줌밖에 되지 않는 내가 읽은 책 중에서 정말 긴급하다 싶은 것만 골랐다.

기준은 대충 이렇다.

나는 누구고, 우리는 어떻게 지금처럼 되었으며, 우리 인간이 행복하게 살기 위해서는 어떠해야 하는지, 그리고 우리 인간이 어떻게 지금처럼 살게 되었는지, 우리 욕망과 현실 상황이 부딪히면 어떻게 판단하고 결정하는 것이 현명한 일인지, 우리의 자유를 좀 더 크게 누리면서도 성장하려면 우리가 무엇을 해야 하는지, 꼬리가 몸통을 흔드는 일이 많은 요즘 시대에 꼭 알아야 할 기초적이고 상식적인 지식은 무엇인지, 우리의 불안과 공포를 먹이 삼아 번지는 온당치 못한 사고와 파렴치한 사상의 정체가 무엇이고 그것을 어떻게 몰아내야 하는지, 결국 우리는 어디로 향해야 하는지, 우리나라를 둘러싼 주요 국가들의 기본적인 역사와 그들의 사고방식은 어떠한지 등등. 이를 기준으로 23권을 골랐다.

꼭 읽어보시라. 분명 생존에 도움이 되실 게다. 진짜다. 흥미진진하고 깜짝 놀라실 게다. 틀림없이. 그리고 모두모두 책과 함께 행복하시라. 진심으로 기원한다.

최소한의 생존 독서 목록

대런 애쓰모글루, 제임스 A. 로빈슨, 《국가는 왜 실패하는가》, 최완규 옮김, 시공사, 2012

대런 애쓰모글루, 제임스 A. 로빈슨, 《좁은 회랑》, 장경덕 옮김, 시공사, 2020

루스 베네딕트, 《국화와 칼》, 박규태 옮김, 문예출판사, 2008

마이클 돕스, 《1945》, 홍희범 옮김, 모던아카이브, 2018

브루스 커밍스, 《한국전쟁의 기원》 1, 김범 옮김, 글항아리, 2023

브루스 커밍스, 《한국전쟁의 기원》 2-1, 김범 옮김, 글항아리, 2023

브루스 커밍스, 《한국전쟁의 기원》 2-2, 김범 옮김, 글항아리, 2023

빌헬름 라이히, 《파시즘의 대중심리》, 황선길 옮김, 그린비, 2006

선판, 《홍위병》, 이상원 옮김, 황소자리, 2004

윌리엄 레너드 랭어, 《뉴턴에서 조지 오웰까지》, 박상익 옮김, 푸른역사, 2004

윌리엄 레너드 랭어, 《호메로스에서 돈 키호테까지》, 박상익 옮김, 푸른역사, 2001

유발 하라리, 《사피엔스》, 조현욱 옮김, 김영사, 2023

이어령, 《지성에서 영성으로》, 열림원, 2017

잭 웨더포드, 《칭기스칸, 잠든 유럽을 깨우다》, 정영목 옮김, 사계절, 2005

주경철, 《대항해 시대》, 서울대학교출판부, 2008

카렌 암스트롱, 《신의 전쟁》, 정영목 옮김, 교양인, 2021

테오도르 W. 아도르노, M. 호르크하이머, 《계몽의 변증법》, 김유동 옮김, 문학과지성사, 2001

폴 존슨, 《모던 타임스》 1, 2, 조윤정 옮김, 살림, 2008

폴 케네디, 《강대국의 흥망》, 이왈수 외 옮김, 한국경제신문사, 1990

프랑크 디쾨터, 《해방의 비극》, 고기탁 옮김, 열린책들, 2016

프랑크 디쾨터, 《마오의 대기근》, 최파일 옮김, 열린책들, 2017

프랑크 디쾨터, 《문화 대혁명》, 고기탁 옮김, 열린책들, 2017

한스 로슬링 외, 《팩트풀니스》, 이창신 옮김, 김영사, 2019

생활 독서

초판 1쇄 발행 2025년 8월 5일

지은이 유광수
펴낸이 박경순
디자인 강경신

종이 월드페이퍼
제작 한영문화사
물류 우진물류

펴낸곳 북플랫
출판등록 제2023-000231호(2023년 9월 12일)
주소 서울시 마포구 토정로 222 306호
이메일 bookflat23@gmail.com

ISBN 979-11-94080-09-1 03800

- 책값은 뒤표지에 있습니다.
- 파본은 구입하신 서점에서 교환해드립니다.
- 이 책은 저작권법에 의하여 보호를 받는 저작물이므로 무단 전재와 복제를 금합니다.